AF313225

CATALOGUE

D'UNE COLLECTION

DE

MÉDAILLES ROMAINES

CONSULAIRES ET IMPÉRIALES

ET D'UNE SUITE DE

MONNAIES ITALIENNES DU MOYEN AGE

PROVENANT DE LA

Collection du Prince SAN GEORGIO

ANCIEN DIRECTEUR DU MUSÉE DE NAPLES

DONT LA VENTE AUX ENCHÈRES AURA LIEU

RUE DROUOT, N. 3

SALLE N° 4

Les 13, 14 et 15 Mai 1869

A UNE HEURE PRÉCISE

M° **DELBERGUE-CORMONT**, Commissaire-Priseur,
rue de Provence, 8,

Assisté de MM. **ROLLIN** et **FEUARDENT**, Experts, rue Vivienne, 12, à Paris,
et à Londres, Haymarket, 27.

Chez lesquels se distribue le présent Catalogue

EXPOSITION PUBLIQUE

Le Mercredi 12 Mai 1869, de une heure et demie à cinq heures

PARIS — 1869

CONDITIONS DE LA VENTE

Elle sera faite au comptant.

Les Acquéreurs paieront, en sus des adjudications, CINQ POUR CENT.

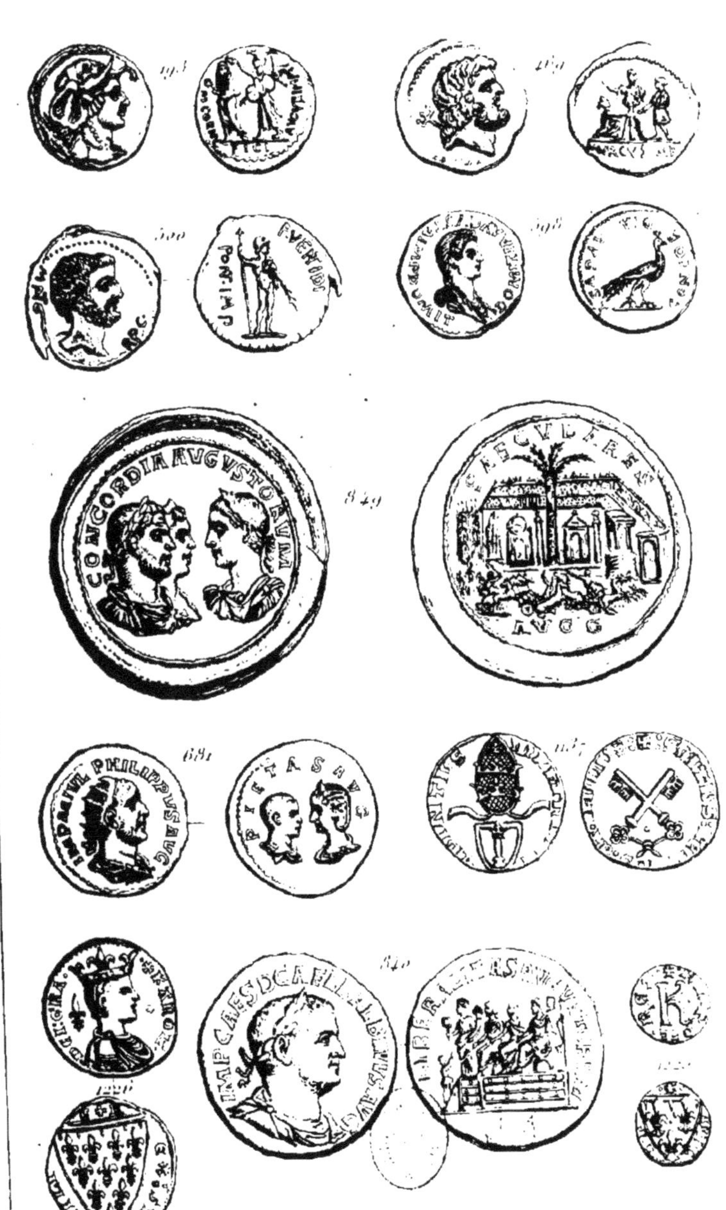

CATALOGUE

DE

MÉDAILLES

MONNAIES ITALIQUES COULÉES

1. **As**. Tête de Janus. l. R̸. Proue de navire. 2 pièces. Æ. B.
2. — Tête de Janus. l. R̸. Proue de navire (Poids réduit). 2 pièces. Æ. B.
3. — Bifrons imberbe. R̸. Tête de Mercure. 1 pièce. Æ.
4. — Tête d'Apollon à droite. R̸. Tête d'Apollon à gauche. 1 pièce. Æ. B.
5. — Tête de Pallas vue de face. R̸. Bœuf. ROMA. 1 pièce. Æ. B.
6. **Semis**. Tête de Jupiter. s. R̸. Proue de navire. 4 pièces. Æ.
7. — Tête de Pallas. s. R̸. Tête de femme. s. 2 pièces. Æ. B.
8. — Pégase. s. R̸. Pégase. s. 1 pièce. Æ.
9. — Taureau courant. s. R̸. Roue. 1 pièce. Æ.
10. **Triens**. Tête de Pallas à gauche. R̸. Proue de navire. 2 pièces. Æ. B.
11. — Buste de cheval. R̸. Buste de cheval. 2 pièces. Æ. B.
12. — Cheval courant. R̸. Roue. 2 pièces, Æ. B.
13. — Foudre et massue. R̸. Foudre et massue. 1 pièce. Æ. B.
14. — Foudre. R̸. Dauphin. 4 pièces. Æ. B.
15. **Quadrans**. Tête d'Hercule. R̸. Proue de navire. 2 pièces. Æ. B.
16. — Main. R̸. Deux navettes. 2 pièces Æ. B.
17. — Sanglier à droite. R̸. Sanglier à gauche. 1 pièce. Æ.
18. — Chien courant. R̸. Roue. 1 pièce. Æ.

19. **Sextans**. Tête de Mercure. R̶. Proue de navire. 2 pièces. Æ. B.
20. — Tête de Dioscure. R̶. Tête de Dioscure. 2 pièces. Æ.
21. — Pétoncle. R̶. Pétoncle. 2 pièces. Æ. B.
22. — Pétoncle. R̶. Caducée. 2 pièces. Æ. B.
23. — Tortue. R̶. Roue. 2 pièces. Æ.
24. **Onces**. Tête de Pallas. R̶. Proue de navire. 2 pièces Æ. B.
25. — Osselet. R̶. Osselet. 4 pièces. Æ. B.
26. — Grain d'orge. R̶. Grain d'orge. 2 pièces. Æ.
27. **Demi-onces**. Gland. R̶. Gland. 4 pièces. Æ. B.

MONNAIES CONSULAIRES INCERTAINES

28. **Deniers**, avec types et symboles différents. 48 pièces. AR. B.
29. **Victoriats**, avec types et symboles différents. 5 pièces. AR. B.
30. **Quinaires**, avec types et symboles différents, 4 pièces AR. B.
31. **Sesterces**, avec types et symboles différents. 4 pièces. AR. B.
32. **Demi-Victoriats**, avec lettres différentes. 4 pièces AR. B.
33. **Semis**, avec lettres différentes. 4 pièces. Æ. TB.
34. **Triens**, avec lettres différentes. 8 pièces. Æ. TB.
35. **Quadrans**, avec lettres différentes. 7 pièces. Æ. TB.
36. **Sextans**, avec lettres différentes. 5 pièces. Æ. TB.
37. **Onces**, avec lettres différentes. 14 pièces. Æ. TB.
38. **Demi-onces**, avec lettres différentes. 16 Æ. TB.

PIÈCES DE FABRIQUE CAMPANIENNE

39. — Tête casquée de Mars l x. R/. ROMA. Aigle sur un foudre. 1 pièce OR. TB.

40. — Même type. xx. R/. ROMA. Aigle sur un foudre. 1 pièce. OR. TB.

41. — Bifrons imberbe. R/. Jupiter dans un quadrige. 1 pièce. OR. B.

42. — Même type. R/. Même revers, avec légende incuse. 1 pièce. AR. B.

43. — Même type. R/. Id., variétés. 3 pièces. AR. B.

44. — Même type. R/. Id., variétés. 3 pièces. AR. B.

45. — Tête casquée à droite. R/. ROMA. Cheval à droite. Massue. 2 pièces. AR. B.

46. — Tête laurée d'Apollon. R/. ROMANO. Cheval à droite. 2 pièces. AR. B.

47. — Tête imberbe d'Hercule. R/. ROMANO. La Louve allaitant Romulus et Rémus. 2 pièces AR. B.

48. — Types divers. 18 pièces. AR. B.

PIÈCES AVEC NOMS DE FAMILLE

49. Aburia. Tête de Rome casquée à droite. R/. M. ABVRI. ROMA. Quadrige. 2 pièces. AR. B.

50. Aburia. Même type. R. C. ABVRI ROMA. Quadrige. 2 pièces. AR. B.

51. Quadrans. Proue de navire. M. ABVRI GEM. 1 pièce. Æ. B.

52. Accoleia. P. ACCOLEIUS LARISCOLVS, buste de femme. R/. Trois statues. 3 pièces AR. B.

53. Acilia. BALBVS ROMA. Tête de Rome casquée. MAN. ACILI. quadrige au galop. 2 pièces AR. B.

54. — Salvtis. Tête laurée de la Santé. R. man. acilius iii vir valetv. La Santé, debout, appuyée sur une colonne. 3 pièces. AR. B.

55. — m. acilivs m.f. Tête de Rome casquée. R. roma. Hercule dans un quadrige au pas. 3 pièces. AR. B.

56. **Aelia.** Tête de Rome casquée. R. p. paetus roma. Les Dioscures. 2 p. AR. B.

57. — bala. Tête diadémée de Junon. R. Diane dans un bige de cerfs, lettres et symboles différents. 3 pièces. AR. B.

58. **Aemilia.** Tête de Vénus. R. m. lepidvs. Statue équestre. 2 pièces. AR. B.

59. — caesar dict perpetvo. Tête de Jules César. R. l. bvca· Caducée, torche, faisceaux et deux mains jointes. AR. TB.

60. — Tête de Jules César. R. Vénus debout à g. 4 pièces. AR. B.

61. — roma. Tête de femme laurée à dr. R. cvr man aemilio lep. Statue équestre sur un pont. 2 pièces. AR. TB.

62. — m. scavr aed, etc. Arétas à genoux tenant un chameau par la bride et présentant une branche d'olivier. R. p. hyp-sae, etc. Jupiter dans un quadrige à g. 2 pièces. AR. TB.

63. — pavlvs lepidvs concordia. Tête voilée de la concorde. R. ter pavlvs. Persée et ses deux enfants devant Paul Emile, séparés par un trophée. 2 pièces. AR. TB.

64. **Afrania.** Tête casquée de Rome. R. s. afra roma. Victoire dans un bige. 2 pièces. AR. TB.

65. **Alliena.** c. caesar imp cos iter. Tête diadémée de Vénus à dr. R. a. allienvs pro cos. Homme nu debout, le bras gauche enveloppé d'un manteau, tenant la triquetra de la main droite et posant le pied sur une proue de vaisseau. AR. TB.

66. **Amnia.** c. anni, etc. Tête de femme. R. l. fabi l. f. hisp. Quadrige au galop. AR. B.

67. **Antestia.** c. antesti. Tête de Rome casquée. R. Les Dioscures. 2 pièces. AR. B.

68. — Tête de Rome derrière un chien. R. c. antesti roma. Les Dioscures. 2 pièces. AR. B.

69. — GRAC. Tête de Rome. ℞. L. ANTES ROMA. Quadrige. 2 pièces. AR. B.

70. — C. ANTISTIVS VETVS III VIR. Tête diadémée de Vénus à dr. ℞. IMP. CAESAR AVGV COS XI. Simpule, lituus, trépied et patère. AR. TB..

71 — CAESAR AVGVSTVS.. Tête nue d'Auguste à dr. ℞. C. ANTESTIVS REGINVS III VIR. Simpule, lituus, trépied et patère. AR. B.

72. Antia. DEI PENATES. Têtes des dieux Penates. ℞. C. ANTIUS C. F. Hercule nu debout. AR. TB.

73. — RESTIO. Tête nue de Restio. ℞. Le même. AR. B.

74. — Tête de bœuf de face. ℞. RESTIO. Autel allumé (sesterce). AR. B.

75. Antonia. SC. Tête laurée de Jupiter à dr. ℞. Q. ANTO BALB. PR. Victoire dans un quadrige au galop. 12 pièces. AR. B.

76. — M. ANTON. IMP. Tête de Marc-Antoine. ℞. CAESAR DICT. Tête de Jules César. AR. B.

77. — M. ANTON. IMP. III VIR. R.P.C. Tête nue de Marc-Antoine; dessous une étoile. ℞. CAESAR IMP. III VIR. R.P.C. Tête nue d'Octave. 2 pièces. AR. TB.

78. — Tête de Marc-Antoine. ℞. M. ANTONIVS III VIR R.P.C. Tête radiée du Soleil à dr.

79. — M. ANTONI IMP. Tête nue de Marc-Antoine. ℞. III VIR. R.P.C. Tête radiée du Soleil vue de face dans un temple. AR. B.

80. — ANTONIVS IMP. Tête nue de Marc-Antoine à dr. ℞. CAESAR IMP. Caducée. AR. B.

81. — CAESAR IMP. Tête d'Octave. ℞. ANTONIVS IMP. Caducée. AR. B.

82. — M. ANT. AVGVR. III VIR. R.P.C. Tête nue de Marc-Antoine à d. ℞. IMP. TER. Trophée. AR. TB.

83. — ANT. AVG. IMP. III V R.P.C. Tête de Marc-Antoine à dr. ℞. PIETAS COS. Femme debout tenant une corne d'abondance et un gouvernail; à ses pieds, une cigogne. AR.

84. — M. ANTONIVS IMP. III VIR. R.P.C. Tête de Marc-Antoine. ℞. PIETAS COS. Femme debout tenant un autel allumé et une corne d'abondance. AR. TB.

85. — Légions de Marc-Antoine. IX-XIII-XV-XVIII-XX-XXI-XXII-XXIII. 8 p. AR. B.

86. — Légion xii antiquae.

87. — Légion restituée par Marc-Aurèle et L. Verus. AR. TB.

88. — Tête de la Victoire ailée. R. LVGDVNI AXL. Lion à dr. Quinaire. AR. B.

89. — M. ANT. IMP. Corbeau, præfericulum et lituus. R. Victoire couronnant un trophée. AR. B.

90. **Appuleia**. Tête casquée de Pallas. R. L SATVRN. Quadrige. 8 pièces. AR. TB.

91. **Apronia**. Petit bronze. Æ. B.

92. **Aquilia.** L. AQVILIVS FLORVS III VIR. Tête radiée du Soleil à dr. R. CAESAR AVGVSTVS SC. Quadrige au pas. AR. TB.

93. — Tête radiée d'Apollon. R. MAN. AQVIL ROMA. Diane dans un bige au galop. 2 pièces. AR. B.

94. — VIRTVS III VIR. Tête casquée de la Valeur à droite. MAN AQVIL MAN F MAN N SICIL. Soldat relevant une femme. 2 pièces. AR. TB.

95. — L. AQVILIVS FLORVS III VIR. Buste casquée de la Vertu à dr. R. CAESAR DIVI F ARME CAPTA. Femme à genoux à dr. couronnée de la tiare et tendant les mains. AR. TB.

96. — Même tête et même légende. R. AVGVSTVS CAESAR. L'Empereur dans un bige d'éléphants à g. tenant un sceptre et une palme. AR. TB.

97. — Même légende, tête radiée du Soleil à dr. R. CAESAR AVGVSTVS SIGN. RECE. Parthe à genoux à dr. présentant une enseigne. AR. TB.

98. — Même. R. CAESAR AVGVSTVS SC. Quadrige au pas, à dr., sur lequel est une fleur. AR. TB.

99. CAESAR AVGVSTVS. Tête nue d'Auguste à dr. R. L. AQVILLIVS FLORVS III VIR. SICIL. Soldat debout armé d'un bouclier relevant une femme. AR. TB.

100. — Même. R. L. AQVILLIVS FLORVS III VIR. Fleur. AR. TB.

101. **Arria**. M. ARRIVS SECVNDVS. Tête nue de Quintus Arrius à dr. R. Haste entre une couronne et une phalère. AR.

102. **Asinia**. Monétaires. GB. MB. 2 pièces. Æ. TB.

103. **Atia**. ATIVS BALBVS PR. Tête du préteur Atius Balbus. R. SARDVS PATER. Tête de la province. Æ.

104. **Atilia**. Tête de Rome casquée. R. SAR ROMA. Bige. 2 pièces. AR. TB.

105. — Tête casquée. R. M. ATILI. Dioscures. 4 pièces. AR. TB.

106. **Aufidia**. RVS XVI. Tête casquée. R. AVF. ROMA. Quadrige. AR. B.

107. **Aurelia**. COTA. X. Même. R. AVRELI ROMA. Bige de centaures. 2 pièces. AR. B.

108. — M. AVREL ROMA. Tête de Pallas. R. S. C. AVRI L. LIC. CN DOM. Bige. 3 pièces. AR. B.

109. — Tête de Rome casquée. AV. RVF. ROMA. Quadrige. 2 pièces. AR. B.

110. **Autronia**. Tête casquée de Rome. R. AVTR. ROMA. Dioscures. AR.

111. **Axia**. SC. Tête de Mars à dr. R. L. AXIVS LF. Diane dans un bige de cerfs. AR. TB.

112. — Double-tête de Janus. NASO dans une couronne. Æ.

113. **Baebia**. Tête de Pallas. R. TAMP. en monog. Les Dioscures, AR. B.

114. — TAMPIL. Tête de Pallas à gauche. R. M. BAEBI. Q. F. Quadrige. 2 pièces AR. B.

115. **Barbatia**. M. ANT. IMP. AVG. III VIR. R. P. C. M. BARBAT. Tête de Marc Antoine. R. CAESAR IMP. PONT. III VIR R. P. C. Tête d'Octave. 2 pièces. AR. B.

116. **Betiliena**. Petit bronze. Æ. B.

117. **Cæcilia**. Q. METEL. PIVS SCIPIO IMP. Femme debout, de face, avec une tête de Lion. R. P. CRASSVS IVN. LEG. PRO. PR. Victoire debout, tenant un caducée et un bouclier. AR. B.

118. — Tête tourelée de femme à droite, épi, caducée et proue. R. Trophée entre le lituus et le præfericulum. AE. B.

119. — Q. METE. Tête casquée. R. ROMA. Quadrige au pas. 2 pièces. AR. B.

120. — Tête de Rome casquée. R. ROMA. Bige et tête d'éléphant. 2 pièces AR. TB.

121. — ROMA. Tête casquée. R. M. METELLVS Q. F. Bouclier. 2 pièces. AR. B.

122. — ROMA. Tête d'Apollon. R. Même revers. AR. TB.

123. — ROMA. Tête casquée de Rome. R. C. METELLVS. Bige d'éléphants. 2 pièces. AR. TB.

124. — Q. METEL PIVS. Tète barbue laurée. ℞. SCIPIO IMP. Éléphant à droite. 2 pièces AR. B.

125. — Tète de la Piété devant une cigogne. ℞. A. C. M. P. I. Eléphant à gauche. AR. B.

126. — Semis et deux quadrans. 3 pièces. Æ. B.

127. **Cæsia.** Buste d'Apollon à gauche. ℞. L. CAESI LARE.

128. **Calidia.** ROMA. Tète de Rome casquée. ℞. M. CALID. Q. ME. CN. FL. Bige. 2 pièces, AR. B.

129. **Calpurnia.** Terme entre un astre, une couronne et un vase. ℞. M. PISO. MF. FRVGI. Patère et secespita dans une couronne de laurier. AR. TB.

130. — Tète casquée. R, P. CALP. ROMA. Bige. 2 pièces. AR. TB.

131. — Même. ℞. CN. CALP. ROMA. Dioscures. 2 pièces AR. B.

132. — PISO. CAEPIO Q. Tète de Saturne. ℞. AD. FRV. E. MV. EX. SC. Pison et Scipion assis entre deux épis. AR. B.

133. — Tète laurée d'Apollon. ℞. PISO FRVGI. (Lettres et symboles variés.) 26 pièces. AR. B.

134. — Tète d'Apollon. ℞. L. PISO FRVGI. Victoire debout. AR.

135. — Monétaire. MB. Æ. B.

136. **Caninia.** AVGVSTVS. Tète nue d'Auguste. ℞. L. CANINIVS GALLVS III VIR. Parthe à genoux, présentant une enseigne. AR. TB.

137. **Carisia.** IMP. CAESAR AVGVSTVS. Tète d'Auguste à gauche. ℞. P. CARISIVS LEGE PRO PR. Epi, casque et bipenne. AR. TB.

138. — SC. Buste de la Victoire. ℞. CARISI. Victoire dans un quadrige. 2 pièces. AR. TB.

139. MONETA. Tète de la Monnaie. ℞. T. CARISIVS. Tenaille, coin et marteau. 2 pièces. AR. B.

140. — Tète de la Sibylle. R. T. CARISIVS III VIR. Sphinx. 2 pièces. AR. B.

141. **Carvilia.** Tète laurée d'Apollon. R. CAR. VER. OGVL. Quadrige. AR. B.

142. **Cassia.** C. CASSI IMP. LEIBERTAS. Tète voilée de la Liberté à droite. R. LENTVLVS SPINT. Præfericulum et lituus. AV. TB.

143. **Cassia.** C. CASSI IMP. LEIBERTAS. Tète voilée de la Liberté à droite. R. LENTVLVS SPINT. Præfericulum et lituus. AR. B.

144. — Tête de Rome casquée. R. c. cassi roma. Quadrige. 2 pièces. AR. TB.

145. — q. cassivs vesta. Tête voilée de Vesta. R̥. Temple de Vesta. 2 pieces AR. TB.

146. — q. cassivs libert. Tête de la Liberté. R. Temple de Vesta. 2 pièces. AR. TB.

147. — Tête d'Apollon. R. q. cassivs. Aigle sur un foudre. 2 p. AR. TB.

148. Tête de Bacchus à droite. R̥. l. cassi. q. f. Tête de Proserpine. AR. TB.

149. — caeician. Tête de Cérès. R̥. l. cassi. Deux bœufs attelés. 2 pièces. AR. B.

150. — Tête diadémée de Vesta à gauche. R̥. longin iii. v. Sénateur debout. 4 pièces. AR. TB.

151. — Monetaire gb. 2 mb. 3 pièces. Æ. B.

152. **Cipia.** m. cipi. mf. Tête casquée de Rome. R̥. roma. Bige. 2 pièces. AR. TB.

153. **Claudia** c. clavdivs c. f. Tête de Flore à droite. R̥. vestalis. Vestale assise à gauche. AR. TB.

154. — Tête radiée du Soleil. R̥ p clodivs mf. Croissant entre cinq étoiles. 2 pièces. AR. TB.

155. — s. c. Buste de Diane. R̥. ti. clavd. ti. f. ap. n. Bige. 3 p. AR. TB.

156. — Tête casquée de Rome. R̥. c. pvlcher. Bige. 3 pièces. AR. TB.

157. — Tête d'Apollon à droite. R̥. p. clodivs mf. Diane debout, tenant deux torches. 2 pièces. AR. TB.

158. — Petit bronze. Æ. TB.

159. **Clovia.** caesar dic. ter. Buste de la Victoire. R̥. c. clovi praef. Pallas marchant à gauche. Æ. B.

160. **Cloulia.** roma. Tête casquée de Rome. R. t. clovli. Bige. 2 pièces AR. TB.

161. **Cocccia.** m. ant. imp. avg. iii vir. r. p. c. m. nerva. p..b.. o. q. p. Tête nue de Marc Antoine à droite. R̥. l. antonivs cos. Tête nue de Lucius Antonius. 2 pièces AR.

162. **Cœlia.** Tête casquée de Rome. R̥. l. coil. roma. Les Dioscures. 2 p. AR.

163. — Même tête. B. CALD. Bige. 5 pièces AR. TB.

164. — CALDVS III VIR. Tête radiée du Soleil. C. COEL. CALDVS. Tête nue de Cœlius Caldus.

165. **Considia**. C. CONSIDI NONIANI. Tête diadémée de Vénus. R. ERVC. Temple de Vénus. 2 pièces. AR. B.

166. — Tête d'Apollon. R. C. CONSIDIVS PAETVS. Chaise curule. 3 pièces. AR. TB.

167. — Tête de Vénus à droite. R. C. CONSIDI. Quadrige à gauche. AR. TB.

168. — Tête de Pallas à droite. R. Même à droite. 2 pièces. AR. B.

169. **Coponia**. Q. SICINIVS III VIR. Tête d'Apollon. R. C. COPONIVS PR. SC. Massue couverte de la peau du lion. AR. TB.

170. **Cordia**. RVFVS. Casque surmonté d'une chouette. R. MAN. CORDIVS. Egide. AR. TB.

171. MAN. CORDI. Tête de Vénus. R. RVFVS. Cupidon dansant AR.

172. RVFVS III. VIR. Têtes accolées des Dioscures. R. MAN. CORDI. Vénus debout. 2 pièces. AR. TB.

173. RVFVS SC. Tête diadémée de Vénus. R. MAN CORDIVS. Cupidon sur un dauphin. 2 pièces. AR. TB.

174. **Cornelia**. Tête de Jupiter Pluvius à droite. R. R. LENTVLVS MARC. COS. Diane d'Ephèse debout. AR. B.

175. — Q. SC. Tête barbue d'Hercule à droite. R. P. LENT. PF. LN. génie du peuple romain. AR. B.

176. — LENTVLVS. SPINT. Præfericulum et Lituus. R. BRVTVS. Hache, Simpule et secespita.

177. — C. CAESAR III VIR. R. P. C. Tête d'Octave. R. BRVTVS PRO. PR. Massue. AR. TB.

178. — FELIX. Tête de Bacchus à droite. R. FAVSTVS. Bige. AR. TB.

179. — FAVSTVS. Tête de Diane à droite. R. FELIX. Sylla assis sur une estrade; dessous. Bacchus et Jugurtha à genoux. AR. TB.

180. — AVGVSTVS. Tête nue d'Auguste à droite. R. COSSVS CN. F. LENTVLVS. Statue équestre sur une proue de vaisseau portant un trophée. AR.

181. — SVLLA COS. Tête de Sylla. R. RVFVS COS. Q. POM. RVFI. Tête nue de Pompeius Rufus.

182. — LENT. MAR. COS. Jupiter debout. R. Triquetra. AR. TB.

183. — sc. Tête d'Hercule à droite. ℞. Globe entre quatre couronnes. 2 pièces. AR. TB.

184. — L. SVLLA. Tête de Vénus, devant Cupidon. ℞. IMPER ITERVM. Præfericulum et lituus entre deux trophées. AR. B.

185. — sc. Tête de Vénus à droite. ℞. FAVS. Trois trophées. AR. TB.

186. — sc. Même Tête. ℞. CRASSVS MF. Cavalier debout tenant son cheval par la bride. 2 pièces. AR. TB.

187. — Tête laurée de Jupiter à gauche. ℞. SCIP ASIA. C. Quadrige à droite. 3 pièces. AR. B.

188. — Buste casqué de Mars. ℞. CN. LENTVL. Bige à droite. AR. B.

189. — G. P. R. Tête diadémée du Génie du peuple romain. ℞. CN. LEN. Q. EX. SC. Globe, gouvernail et sceptre. 2 pièces. AR. B.

190. — CN. BLASIO CN. F. Tête casquée à droite de Scipion l'Africain. ℞. ROMA. Jupiter, Junon et Pallas debout. 2 pièces. AR. B.

191. — Tête casquée de Rome. P. SVLA ROMA. Bige. 2 pièces. AR. TB.

192. — Double tête de Janus. ℞ CN. LENT. Proue de vaisseau. As. Æ. TB.

193. **Cornuficia.** Tête de l'Afrique à droite avec la peau d'éléphant. ℞. Q. CORNVFICI AVG. IMP. Cornuficius debout en toge, voilé et tenant le lituus. Junon, Sospita le couronne. AR. TB. Gravée.

194. **Cosconia.** COSCO. IMP. Tête casquée à droite. ℞. L. LIC. CN. DOM. Bige à droite. 2 pièces. AR. B.

195. **Cossutia.** CAESAR PARENS PATRIAE. Tête voilée de Jules César. ℞. C. COSSVTIVS M. MARIDIANVS en quatre lignes en croix. AR.

196. — SABVLA. Tête de Méduse à gauche. ℞. C. COSSVTIVS. Bellérophon sur le Pégase. 2 pièces. AR. B.

197. **Crepereia.** Buste d'Amphitrite à droite. Q. CREPEREI MF. ROCVS. Neptune dans un bige. AR. B.

198. **Crepusia.** L. CENSOR. Tête voilée de Junon. ℞. C. LIMET P. CREPVSI. Bige. AR. B.

199. — Tête jeune laurée. ℞. P. CREPVSI. Cavalier. 2 pièces. AR. B.

200. **Cupiennia**. Tête casquée de Rome. R̸. ʟ. ᴄᴠᴘ. ʀᴏᴍᴀ. Dioscures. 2 pièces. AR. TB.

201. **Curiatia**. ᴛʀɪɢ. Tête casquée de Rome. R̸. ᴄ. ᴄᴠʀ. ꜰ. ʀᴏᴍᴀ. Quadrige. 3 pièces.

202. — Semis (inconnu à Cohen).

203. **Curtia**. ǫ. ᴄᴠʀᴛ. Tête casquée de Rome. R̸. ᴍ. ꜱɪᴀ. ʀᴏᴍᴀ. 2 pièces. AR. B.

204. **Decia**. Même tête. R̸. ʀᴏᴍᴀ. Dioscures dessous un bouclier et un carnix en sautoir. Æ.

205. **Decimia**. Même tête. R̸. ꜰʟᴀᴠꜱ ʀᴏᴍᴀ. Bige. 2 pièces. AR. B.

206. **Didia**. ʀᴏᴍᴀ. Tête casquée de Rome. R̸. ᴛ. ᴅᴇɪᴅɪ. Centurion fouettant un soldat. 2 pièces. AR. TB.

207. — ᴘ. ꜰᴏɴᴛᴇɪᴠꜱ ᴄᴀᴘɪᴛᴏ ɪɪɪ. ᴠɪʀ. ᴄᴏɴᴄᴏʀᴅɪᴀ. Tête voilée de la Concorde. R̸. ᴛ. ᴅɪᴅɪ ɪᴍᴘ. ᴠɪʟ. ᴘᴠᴘ. Portique. AR. TB.

208. **Domitia**. ᴏꜱᴄᴀ. Tête virile barbue. R̸. ᴅᴏᴍ. ᴄᴏꜱ. ɪᴛᴇʀ. ɪᴍᴘ. Simpule, asperçoir, hache et bonnet de flamine. AR. TB.

209. — ᴀʜᴇɴᴏʙᴀʀʙᴠꜱ. Tête nue de Cnaeus Ahenobarbus à droite. R̸. ᴄɴ. ᴅᴏᴍɪᴛɪᴠꜱ ɪᴍᴘ. Trophée sur une proue de vaisseau. AR. TB.

210. — Tête casquée de Rome. R̸. ᴄɴ. ᴅᴏ. ʀᴏᴍᴀ. Dioscures. 2 pièces. AR.

211. — ʀᴏᴍᴀ. Même tête. R̸. ᴄɴ. ᴅᴏᴍɪ. Quadrige au pas. 2 pièces. AR. B.

212. — Même tête. R̸. ᴄɴ. ᴅᴏᴍɪ ʀᴏᴍᴀ. Bige. 2 pièces. AR. TB.

213. **Duillia**. Tête de Janus. R̸. ᴍ.ᴅ. ʀᴏᴍᴀ. Bœuf sur une proue de vaisseau. Aꜱ. Æ.

214. **Durmia**. ᴍ. ᴅᴠʀᴍɪᴠꜱ ɪɪɪ. ᴠɪʀ. ʜᴏɴᴏʀɪ. Tête diadémée de l'Honneur à droite. R̸. ᴄᴀᴇꜱᴀʀ. ᴀᴠɢᴠꜱᴛᴠꜱ ꜱɪɢɴ. ʀᴇᴄᴇ. Parthe à genoux présentant une enseigne militaire. AR. TB.

215. — Même tête. R̸. ᴀᴠɢᴠꜱᴛᴜꜱ ᴄᴀᴇꜱᴀʀ. Auguste dans un bige d'éléphant à gauche tenant une palme. AR. TB.

216. — Même tête. R̸. ᴄᴀᴇꜱᴀʀ ᴀᴠɢᴠꜱᴛᴠꜱ. Quadrige au pas à droite, une fleur. AR. TB.

217. — ᴄᴀᴇꜱᴀʀ ᴀᴠɢᴠꜱᴛᴠꜱ. Tête nue d'Auguste à droite. R̸. ᴍ. ᴅᴠʀᴍɪᴠꜱ ɪɪɪ ᴠɪʀ. Sanglier percé d'une flèche. AR. TB.

218. — Même tête. R̸. ᴍ. ᴅᴠʀᴍɪᴠꜱ ɪɪɪ ᴠɪʀ. Lion dévorant un cerf.

219. — Même pièce. ɪɪɪ ᴠɪʀ. à l'exergue. AR. TB.

220. — Même pièce. R. Même légende. Taureau à face humaine couronné par la Victoire. AR. TB.

221. Egnatia. MAXIMVS. Tête diadémée de Vénus. R. C. EGNATIVS CNF. CN. N. Rome et Vénus debout. AR. B.

222. Egnatuleia. C. EGNATVLEI CF. Tête d'Apollon. R. ROMA. Victoire couronnant un trophée. 2 pièces. AR. B.

223. Eppia. Q. METEL SCIPIO IMP. Tête de l'Afrique et un épi. R. EPPIVS LEG. FC. Hercule debout. 2 pièces. AR. TB.

224. Fabia. C. ANNIUS. TF. TN. PROCOS. EX. SC. Tête de femme à droite. R. L. FABI LF. HISP. Q. Quadrige au pas. AR. TB.

225. — ROMA. Q. M. Tête d'Apollon devant une lyre. R. Corne d'abondance. AR. TB.

226. — LABEO ROMA. Tête casquée à d. R. Q. FABI. Quadrige 3 pièces. AR. TB.

227. — Q. MAX ROMA. Tête casquée à d. R. Corne d'abondance. 2 pièces. AR. TB.

228. — Tête casquée de Rome. R. N. FABI PICTOR ROMA. Figure virile assise à gauche. 2 pièces. AR. TB.

229. — Tête voilée et tourelée de Cybèle. R. C. FABI C. F. Bige. 5 pièces. AR. TB.

230 — Tête de Janus. R. C. FABI C. F. ROMA. Proue de vaisseau. As. Æ. B.

231. Fabrinia. M. FABRI. Quadrans. Æ. TB.

232. Fannia. ROMA. Tête casquée de Rome. R. M. FAN. C. F. Quadrige. 2 pièces. AR. B.

233. Farsuleia. S. C. MENSOR. Tête de la Liberté. R. L. FARSVLEI. Figure militaire dans un bige, donnant la main à une figure en toge. 2 pièces. AR. B.

234. Flaminia. ROMA. Tête casquée. R. L. FLAMINI CILO. Bige. 2 pièces AR. B.

235. Flavia. FLAV HEMIC LEG. PRO PR. Tête nue d'Apollon devant une lyre. R, Q. CAEP. BRVT IMP. Victoire couronnant un trophée. AR. B.

236. Fonteia. Tête de Fontus, fils de Janus. R. C. FONT. ROMA. Galère. 4 pièces. AR. TB.

237. — Têtes accolées des dioscures. R. MAN FONTEI. Galère. AR. B.

238. — MAN FONTEI C. F. Tête laurée de Jupiter imberbe, à d. ℞. Le génie de Jupiter assis sur la chèvre Amalthée. **2 pièces.** AR. TB.

239. — M. FONTEIVS P. F. CAPITO III VIR. Buste de Mars. ℞. MAN. FONT. TR. MIL. Cavalier foulant aux pieds deux ennemis. 2 pièces. AR. B.

240. **Fundania.** Victoriat.

241. **Furia.** Tête casquée de Rome. ℞. FVR ROMA. Bige. **2 pièces.** AR. TB.

242. — M. FOVRI L. F. Tête laurée de Janus. ℞. PHILI ROMA. Rome casquée couronnant un trophée. 2 pièces. AR. TB.

243. — BROCCHI III VIR. Tête de Cérès. ℞. L. FOVRI. C. N. F. Chaise curule. 2 pièces, AR. TB.

244. — AED. CUR. Tête tourelée de Cybèle. ℞. P. FOVRIVS CRASSIPES. Chaise curule. 2 pièces. AR. B.

245. **As.** Avec FVR en monog. Æ. B.

246. **Gallia.** Monétaire GB. Æ. TB.

247. — Monétaires. MB. 2 pièces. Æ.

248. **Gellia.** M. ANT. IMP. AVG. III VIR R. P. C. L. GELLI Q. P. Tête nue de Marc-Antoine. ℞. CÆSAR IMP. PONT. III VIR R. P. C. Tête nue d'Octave. AE. B.

249. — Tête casquée de Rome dans une couronne. ℞. C. N. GEL. ROMA. Quadrige. 2 pièces. AR. B.

250. **Herennia.** PIETAS. Tête de la Piété, a. d. ℞. M. HERENNI. Un des frères de Catane portant son père dans ses bras. 4 pièces AR. B.

250 bis. **Hirtia.** C. CÆSAR COS TER. Tête voilée de la Piété, à droite. ℞. A. HIRTIVS PR. Lituus, præfericulum et hache. AV. B.

251. **Horatia.** Tête casquée de Rome à d. ℞. ROMA. Les Dioscures à cheval, dessous, la tête de Clélie. AR.

252. **Hosidia.** GETA III VIR. Buste diadémé de Diane. ℞. C. HOSIDI. Sanglier assailli par un chien. 2 pièces. AR. TB.

253. **Hostilia.** Tête de Vénus à d. ℞. L. HOSTILIVS SASERNA. Victoire. 2 pièces. AR. TB.

254. — Tête de la pâleur. ℞. L. HOSTILIVS SASERNA. Diane d'Éphèse. 2 pièces AR. TB.

255. **Iul.** Tête casquée de Rome. R. L. ITI ROMA. Les Dioscures à cheval. AR. TB.

256. **Julia.** Tête jeune ailée, à d. R. EX. A. P. Quadrige. AR. B.

257. — Tête casquée de Rome R. SEX IVLI CAESAR ROMA. Bige. 2 pièces. AR. B.

258. — Tête de Vénus, à d. R. Deux Cornes d'abondance. AR. B.

259. — Tête d'Auguste. R. CÆSAR DIVI. F. Apollon assis. AR. TB.

260. — Même tête. R. IMP. CÆSAR. Sur le fronton d'un arc de triomphe, surmonté d'un quadrige. AR. TB.

261. — Même tête. R. IMP. CÆSAR. Trophée sur une proue de vaisseau. AR. TB.

262. — Victoire à d. sur une proue de vaisseau. R. IMP. CÆSAR. Quadrige. AR. TB.

263. — Tête laurée d'Apollon, à d. R. IMP. CÆSAR. Prêtre conduisant deux bœufs. 2 pièces AR. TB.

264. CÆSAR III VIR. R. P. C. Buste casqué de Mars. R. S. C. Aigle sur un trophée entre deux enseignes militaires. 2 pièces AR. TB.

265. — IIT. Tête de la Piété. R. CÆSAR. Trophée. 2 pièces AR. TB.

266. — CÆSAR. Éléphant. R. Simpule, aspersoir, hache et bonnet de flamine. 2 pièces. AR. TB.

267. — Tête de Vénus. R. CAESAR. Deux esclaves au pied d'un trophée. AR. TB.

268. — Tête casquée de Rome. R. L. IVLI. Bige. AR. TB.

269. — Tête diadémée de Vénus. R. CAESAR. Énée portant Anchise. AR. TB.

270. — CAESAR. Tête de Pallas à gauche. R. L. IVLI. F. Bige attelé de deux Amours. AR. TB. .

271. — DICT. ITER. COS. TERT. Tête de Cérès. R. AVGVR. PONT. MAX. Simpule, Aspersoir, præfericulum et lituus. AR. TB.

272. — XVI. Tête casquée de Rome. R. L. IVLI. ROMA. Les Dioscures à cheval. 2 pièces. AR. TB.

273. — Tête jeune laurée et ailée à d. R. L. IVLI. BVRSI. Quadrige. 6 pièces. AR. TB.

274. **As** avec EX SC. Figure militaire sur la proue de vaisseau. Æ.

2

275. — CAESAR. III. VIR. R. P. C. Tête nue d'Octave à d. ℞. CAESAR DICT. PER. sur une chaise curule sur laquelle est une couronne. AR. TB. ·

276. — Tête nue d'Octave à g. ℞. CAESAR DIVI. F. Vénus debout, appuyée sur une colonne, tenant un casque et une haste transversale. AR. TB.

277. — Tête nue d'Octave à g. ℞. CAESAR DIVI. F. Victoire à g. sur un globe, tenant une couronne et une palme. AR. TB.

278. — Buste ailé de la Victoire, à d. ℞. CAESAR DIVI. F. Neptune nu, debout à g., le pied appuyé sur un globe, tenant un acrostolium et un trident. AR. TB.

279. — Tête diadémée de Vénus, à d. ℞. Même légende. Homme debout à g., tenant une haste et étendant le bras. AR. TB.

280. — Tête laurée d'Octave à d. ℞. IMP. CAESAR. Statue sur une colonne rostrale, ornée de deux ancres. AR. TB.

281. — Tête nue d'Octave, à d. ℞. Même légende. Trophée naval. AR. TB.

282. — IMP. Tête casquée de Mars, à d. ℞. CAESAR. Bouclier rond avec deux hastes qui se croisent; au milieu, une étoile. AR. TB.

283. — CAESAR AVGVSTVS. Tête laurée d'Auguste, à g. ℞. DIVVS IVLIVS. Comète. 3 pièces. AR. TB.

284. **Junia**. BRVTVS. Tête de Brutus l'Ancien. ℞. AHALA. Tête d'Ahala. 2 pièces. AR. TB.

285. — LIBERTAS. Tête de la Liberté. ℞. BRVTVS. Le consul Brutus marchant entre deux licteurs et précédé d'un accensus. 2 pièces. AR. TB

286. — SALVS. Tête de la Santé. ℞. P. SILANVS ROMA. Bige. AR. TB.

287. — Tête de Pan, à d. ℞. D. SILANVS L. F. Bige. AR. TB.

288. — C. PANSA. Masque de Pan. ℞. ALBINVS BRVTI. F. Deux mains jointes tenant un caducée. AR. TB.

289. — LIBERTAS. Tête de la Liberté. ℞. Ancre et gouvernail (quinaire). AR. TB.

290. — Tête casquée de Rome. ℞. M. IVNI ROMA. Les Dioscures. 2 pièces. AR. TB.

291. — Même tête. ℞. C. IVNI CF. ROMA. Même. 2 pièces. AR. TB.

292. — Même tête. ℞. D. SILANVS LF. ROMA. Bige. 5 pièces. AR. TB.

293. — ANTON. AVC. IMP. III. COS. DES. III. III. V. R. P. C. Tête nue de M. Antoine, à d. ℞. M. SILANVS AVG. Q. PRO. COS. en deux lignes dans le champ. AR. TB.

294. **As** avec SILANVS. Æ.

295. **Juventia.** Tête casquée de Rome. ℞. C. TAL. ROMA. Bige. 2 pièces. AR. TB.

296. — **Licinia.** AVGVSTVS TR. POT. Tête nue d'Auguste, à d. ℞. P. STOLO. III. VIR. Bonnet de flamine entre deux anciles. AR. TB.

297. — A. LICINIVS FIDES. Tête de la Fidélité. ℞. NERVA III. VIR. Cavalier traînant un barbare par les cheveux. AR. TB.

298. — NERVA FIDES. Tête de la Fidélité. ℞. A. LICINIVS FIDES III. VIR. Même type. 2 pièces. AR. TB.

299. — Buste de Jupiter imberbe. ℞. C. LICINIVS L. F. MACER. Quadrige. 2 pièces. AR. TB.

300. — Monétaires. GB. MB. 2 pièces. Æ. TB.

301. **Livineia.** C. CAESAR. III. VIR. R. P. C. Tête nue d'Octave. ℞. L. LIVINEVS RÈGULUS. Victoire marchant, à d. AR. TB.

302. — Tête nue de Livineius. ℞. L. REGVLVS. Gladiateur combattant. AR. TB.

303. — Même tête. ℞. L. LIVINEIVS REGVLVS. Chaise curule entre deux faisceaux. AR. TB.

304. **Lollia.** HONORIS. Tête de l'Honneur. ℞. PALIKANVS. Chaise curule entre deux épis. AR. TB.

305. — LIBERTAS. Tête de la Liberté. ℞. PALIKANVS. La tribune aux harangues. AR. B.

306. **Lucilia.** PV. Tête casquée de Rome. ℞. M. LVCILI. RVF. Bige. 2 pièces. AR. TB.

307. **Lucretia.** Tête laurée de Neptune. ℞. L. LVCRETI. TRIO. Cupidon sur un dauphin. AR. TB.

308. — Tête radiée du Soleil. ℞. L. LVCRETI. TRIO. Croissant. 2 pièces. AR. TB.

309. — TRIO. Tête casquée de Rome. ℞. CN. LVCR. ROMA. Les Dioscures. 3 pièces. AR. TB.

310. **Lutatia.** CERCO. ROMA. Tête de Pallas, à droite. ℞. Q. LVTATI. Q. Galère dans une couronne. 2 pièces. AR. TB.

311. **Maecilia.** Tête d'Auguste. M. MAECILIVS, etc. MB. TB.

312. **Maenia**. Tête casquée de Rome. R. P. MAE. ROMA. Les Dioscures. 2 pièces. AR. TB.

313. — Même tête. R. P. MAE. ANT. ROMA. Quadrige. 2 pièces. AR. TB.

314. **Quadrans**. AE.

315. **Maiania**. Tête casquée de Rome. R. C. MAIANI ROMA. Bige. 2 pièces. AR. TB.

316. **Mamilia**. Buste de Mercure. R. C. MAMIL LIMETAN. Ulysse reconnu par son chien. AR. TB.

317. **Manlia**. SER. ROMA. Tête casquée de Rome. R. A. MANLI. Q. F. Quadrige de face. AR. TB.

318. — L. MANLI ROMA. Tête casquée de Rome. R. L. SVLLA. Quadrige au pas. AR. TB.

319. — Tête diadémée de la Sybille. R. L. TORQVATVS III VIR. Trépied. AR. B.

320. **Marcia**. LIBO. Tête casquée de Rome. R. Q. MARC. ROMA. Les Dioscures. 2 pièces. AR. TB.

321. — Même type. R/. Q. MAR. C. F. L. R. ROMA. Quadrige. 3 pièces AR. TB.

322. — Même tête. R/. C. F. L. R. Q. M. ROMA. Quadrige. AR. TB.

323. — Même tête. R/. MARC ROMA. Bige et 2 épis. 2 pièces. AR. TB.

324. — Même tête. R/. Q. PHILIPPVS ROMA. Cavallier courant à droite. 2 pièces. AR. TB.

325. — ROMA. Tête de Philippe V de Macédoine. R. PHILIPPVS. Statue équestre.

326. — Tête diadêmée d'Apollon. R/. C. CENSORI. Cheval libre courant. AR. TB.

327. — Têtes de Numa Pompilius et d'Ancus Marcius à droite. R/. C. CENSO. Cavalier conduisant deux chevaux. AR. TB.

328. — Tête d'Ancus Marcius à droite. R. PHILIPPVS AQVA MAR. Statue équestre.

329. — ROMA. Tête casquée de Rome. R. TORQVA EX. SC. Cavalier à gauche. 2 pièces. AR. TB.

330. — Têtes de Numa Pompilius et d'Ancus Marcius à droite. R/. C. CENSO. Deux arches. AR.

331. **Maria**. AVGVSTVS. Tête nue d'Auguste à droite, derrière. A. lituus. R̟. C. MARIVS C. F. TRO III VIR. Quadrige dans lequel est une palme. AR. TB.

332. — Même. R̟. Même légende. Prêtre voilé debout tenant le simpule. AR. TB.

333. — Même. R̟. Même légende. Tête de Diane à droite sous les traits de Julie. AR. TB.

334. — CAPIT. Tête de Cérès. R̟. C. MARI C. F. S. C. Colon conduisant 2 bœufs à gauche. 2 pièces. AR. TB.

335. — Tête de Janus. R̟. Q. MARI ROMA. Proue de vaisseau. **As.** AE.

336. **Matia**. Tête casquée de Rome. R̟. MAT. ROMA. Les Dioscures. 2 pièces. AR.

337. **Quadrans** avec MAT. AE. B.

338. **Memmia**. Tête virile jeune à droite. R̟. L. MEMMI. Les Dioscures debout à côté de leurs chevaux. 2 pièces. AR. B.

339. — ROMA. Tête de Saturne. R̟. L. MEMMI GAL. Bige à droite. 3 pièces. AR. TB.

340. — EX. SC. Même. R̟. C. MEMMIES L. F. GAL. Bige au pas à droite. AR. B.

341. — C. MEMMI C. F. Tête de Cérès. R̟. C. MEMMIVS IMPERATOR. Captif attaché au pied d'un trophée. 2 pièces. AR. TB.

342. — C. MEMMI C. F. QVIRINVS. Tête de Romulus. R̟. MEMMIVS A. E. D. CERIALIA PREIMVS FECIT. Cérès assise à droite. AR. TB.

343. **Mescinia**. Tête laurée d'Auguste à d. R̟. L. MESCINIVS RVFVS. Mars debout sur un cippe, tenant une haste et un parazonium; sur le cippe on lit : S. P. Q. R. V. P. RED. CAES. AR. TB.

344. — CAESAR AVGVSTVS TR. POT. Tête laurée d'Auguste à d. R̟. L. MESCINIVS RVFVS III. VIR. Cippe sur lequel on lit IMP. CAES AVG LVD SAEC dans le champ. XV S. F. AR. TB.

345. — Tête d'Auguste. R̟. L. MESCINIVS RVFVS. S. P. Q. R. V. P. Mars debout sur un cippe. AR. TB.

346. **Metilia**. Tête laurée de Jupiter. R̟. CRET ROMA. Victoire couronnant un trophée. AR.

347. **Mettia**. CAESAR IMPER. Tête de Jules César. R̟. M. METTIVS. Vénus debout, tenant une victoire. AR. TB.

348. — CAESAR IMP. Tête de Jules César, derrière le lituus et le simpule. R̟. Même revers.

349. **Minatia**. CN. MAGN. IMP. Tête nue de Pompée. ℞. M. MINAT
SABIN. P. R. Q. Pompée fils débarquant et donnant la main à
une femme. AR.

350. **Minucia**. RVF. Tête casquée de Rome. ℞. MINV ROMA. Les
Dioscures. 2 pièces. AR. TB.

351. — Même tête. ℞. L. MINV ROMA. Quadrige. 2 pièces. AR. TB.

352. — ROMA. Même tête. ℞. C. AVG. Deux hommes en toge, entre
eux une colonne.

353. — Même tête. ℞. TI. MINVCI AVGVRINI ROMA. Même type, 2 pièces.
AR. TB.

354. — Tête casquée de Pallas à g. ℞. Q. TERM.. M. Soldats combattant. 2 pièces. AR. TB.

355. **Mussidia**. Buste de la victoire. ℞. L. MVSSIDIVS LONGVS.
Bige. AR. TB.

356. — CONCORDIA. Tête voilée de la concorde. ℞. L. MVSSIDIVS
LONGVS CLOACIN. Deux figures debout dans l'enceinte des
comices. AR. TB.

357. — Tête laurée de Jules César. ℞. L. MVSSIDIVS LONGVS. Gouvernail, globe, corne d'abondance, caducée et bonnet.
3 pièces. AR. TB.

358. **Nævia**. S. C. Tête diadémée de Vénus. ℞. C. NAE BALB.
Victoire dans un trige. 11 pièces. AR. TB.

359. — Monétaires. GB. MB. 3 pièces. Æ. B.

360. **Nasidia**. NEPTVNI. Tête de Neptune. ℞. Q. NASIDIVS. Galère
à la voile. AR. TB.

361 **Neria**. NERI Q. VRB. Tête de Saturne. ℞. L. LENT C. MARC COS.
Aigle légionnaire entre deux enseignes. AR. TB.

362. **Nonia**. SVFENAS. S. C. Tête de Saturne. ℞. SEX NONI PR. L. V.
P. F. Rome assise, couronnée par la Victoire. 2 pièces.
AR. TB.

363. **Norbana**. C. NORBANVS. Tête de Vénus. ℞. Hache avec faisceau, épi et caducée. 3 pièces. AR. TB.

364. **Numitoria**. Semis et quadrans. 2 pièces. A. TB.

365. **Numonia**. C. NVMONIVS VAALA. Tête nue de Numonius.
Vaala à d. ℞. VAALA. Soldat attaquant un retranchement dé-
fendu par deux autres soldats. AR. TB.

366. **Opeimia**. Tête casquée de Rome. ℞. L. OPEIMI ROMA. Quadrige. 2 pièces. AR. TB.

367. — Même. ℞. M. OPEIMI ROMA. Bige. 2 pièces. AR. TB.

368. — Tête de Janus. ℞. OPEI. Proue de vaisseau. As. Æ. B.

369. **Oppia**. M. ANT. IMP. COS DESIG ITER ET TERT III. VIR R. P. C. Têtes nues en regard de M. Antoine et d'Octavie, avec la tête d'Auguste, nue, accolée à celle de M. Antoine. ℞. M. OPPIVS CAPITO PRO PR. PRAET CLAS F. C. Galère à la voile avec des rameurs, dessous ı et triquetra. GB. Æ.

370. — Tête de Vénus. ℞. Q. OPPIVS PR. Victoire marchant à g. MB. Æ.

371. **Papia**. Buste ailé de la Victoire. ℞. L. PAPIVS CELSVS. Jeune fille debout donnant à manger à un serpent. (Quinaire). AR. B.

372 — Tête de Junon Sospita. ℞. L. PAPIVS CELSVS III. VIR. Louve et aigle. AR. B.

373. — Même tête. ℞. L. PAPI. Griffon courant. 9 pièces. AR. B.

374. **Papiria**. Tête de Janus. ℞. TVRD ROMA. Proue de vaisseau. As. Æ.

375. **Pedania**. COSTA LEG. Tête de femme laurée. ℞. BRVTVS IMP. Trophée. AR. TB.

376. **Petillia**. Tête laurée de Jupiter. ℞. PETILLIVS. Temple à six colonnes. AR. TB.

377. — CAPITOLINVS. Aigle. ℞. Temple à six colonnes. 2 pièces. AR. TB.

378. **Petronia**. TVRPILIANV III VIR FERON. Tête tournée de la déesse Féronie. ℞. CAESAR AVGVSTVS SIGN. RECE. Parthe à genoux présentant une enseigne. 2 pièces variées. AR. TB.

379. — Même tête. ℞. CAESAR DIVI F. ARME. CAPT. Femme à genoux à droite couronnée de la tiare et tendant les mains. AR. TB.

380. — TVRPILIANVS III VIR. Tête de Bacchus à droite, couronnée de lierre. ℞. Même. AR. TB.

381. — P. PETRON TVRPILIAN. III VIR. Même tête. ℞. Même. AR. TB.

382. — P. PETRON TVRPILIANVS III VIR FERO. Tête de la déesse Féronie à droite. ℞. AVGVSTVS CAESAR. L'empereur dans un bige d'éléphants à gauche. AR. TB.

383. — CAESAR AVGVSTVS. Tête nue d'Auguste à droite. ℞. P. PETRON TVRPILIAN. III VIR. Sirène tenant deux flûtes. AR. TB.

384. — Même tête. ℞. Même légende. Pégase. AR. TB.

385. — Même tête. R. TVRPILIANVS III VIR. Tarpeia écrasée par des boucliers et levant les mains au ciel. AR. TB.

386. — Même tête. R̥. Même légende. Astre sur un croissant. 2 pièces. AR. TB.

387. — Même tête. R̥. P. PETRON III VIR. Pan nu, assis à terre. AR. TB.

388. **Pinaria**. Tête casquée de Rome. R̥. NAT. et NATTA ROMA. Bige. 4 pièces. AR. TB.

389. — Même tête. R̥. CARB. et M. CARB. ROMA. Quadrige. 4 pièces. AR. TB.

390. **Plaetoria**. Tête de Junon coiffée à la grecque. R̥. M. PLAETORI CEST EX SC. Caducée. 4 pièces. AR. TB.

391. — CESTIANVS. Tête tourelée de Cybèle. R̥. PLATORIVS AED CVR EX SC. Chaise curule. 2 pièces. AR. TB.

392. — CESTIANVS S. C. Buste de femme casquée. R̥. M. PLATORIVS N. F. AED. CVR. Aigle. 2 pièces. AR. TB.

393. **Plancia**. CN. PLANCIVS AED. CVR S. C. Tête de Diane. Plancienne. R̥. Chèvre, arc et carquois. AR. TB.

394. **Plautia**. Tête casquée de Rome. R̥. L. PL. H. ROMA. Dioscures. AR. B.

395. — Même tête. R̥. C. PLVTI ROMA. Même. AR. B.

396. — P. YPSAE SC. Tête d'Amphitrite. R̥. C. YPSAE COS PRIV. CEPIT. Quadrige. 3 pièces. AR. TB.

397. — A. PLVTIVS AED CVR. Tête tourelée de Cybèle. R̥. BACCHIVS IVDAEVS. Bacchius à genoux, tenant un chameau par le frein. 2 pièces. AR. TB.

398. — L. PLAVTIVS. Masque de face. R̥. L. PLAVTIVS. L'Aurore conduisant les quatre chevaux du soleil. 4 pièces. AR. TB.

399. — Monétaires. MB. 2 pièces. Æ. B.

400. **Poblicia**. C. MALLE CF. Tête casquée de Rome. R̥. L. LIC. CN. DOM. Bige. 2 pièces. AR. TB.

401. — Tête de Pallas casquée. R̥. C. MAL. Figure virile, nue, debout et trophée. AR. B.

402. — ROMA. Même tête. R̥. C. POBLICI Q. F. Hercule étouffant le lion. 6 pièces. AR. B.

403. — Triens avec un marteau et un apex. B.

404. Pompeia. Tête casquée de Rome. R. SEX PO FOSTLVS ROMA. La louve allaitant Romulus et Remus derrière le berger Faustulus. 2 pièces. AR. B.

405. — Q. POMPEI, Q. F. RVFVS COS. Chaise curule. R. SVLLA COS. Q. POMP. RVF. Chaise curule. 3 parties. AR. B.

406. — SEX. MAG. PIVS IMP. Tête nue de Pompée à droite. R. PIETAS. Femme debout tenant un rameau et une haste transversale. AR. B.

407. — CN. PISO PRO Q. NVMA. Tête de Numa Pompilius à droite. R. MAGN. PRO COS. Proue de vaisseau. AR. TB.

408. — MAG. PIVS IMP. ITER. Le phare de Messine, sur une galère. R. PRAEF CLAS ET ORAE MARIT EX SC. Le monstre Scylla. AR. TB.

409. — MAG. PIVS IMP. ITER. Tête de Pompée. R. Même légende. Anapius et Amphinome emportant leurs parents. AR. B.

410. — **As, Semis** et **Trieus**, avec L. POMP. sur la proue de vaisseau. TB.

411. Pomponia. L. POMPONI CN. F. Tête casquée de Rome. R. L. LIC. CN. DOM. Bige. 2 pièces. AR. TB.

412. — L. POMPON MOLO. Tête d'Apollon. R. NVM POMPIL. Numa Pompilius sacrifiant sur un autel ; un victimaire amène une chèvre. 2 pièces. AR. TB.

413. — Les Muses Euterpe : Melpomène, Polymnie, Terpsichore, Thalie et Uranie. 6 pièces. AR. TB.

414. Porcia. L. PORCI LICI. Tête casquée de Rome. R. L. LIC. CN. DOM. Bige. 2 pièces. AR. TB.

415. — LAECA. Même tête. R. M. PORC ROMA. Quadrige. 2 pièces. AR. TB.

416. — P. LAECA. Même tête. R. PROVOCO. Homme debout entre un citoyen et un licteur. AR. TB.

417. — Tête casquée de Rome. R. C. CATO ROMA. Bige. 2 pièces. AR. TB.

418. — M. CATO ROMA. Tête de la Liberté. R. VICTRIX Victoire assise à droite. AR. TB.

419. — M. CATO PRO PR. Même tête. R. VICTRIX. Même type variés. 2 pièces. AR. TB.

420. Postumia. Tête casquée de Rome. R. L. POST ALB ROMA. Quadrige. 2 pièces. AR. TB.

421. — ROMA. Buste de Diane. R⁄. A. ALBINVS SF. Trois soldats à cheval poursuivant un fugitif. 2 pièces. AR. TB.

422. — ROMA. Tête d'Apollon. R. Même légende. Les Dioscures debout, faisant abreuver leurs chevaux. 2 pièces. AR. TB.

423. — Buste de Diane. R⁄. A. POS. A. F. S. N. ALBIN. Sacrificateur sur une montagne, devant lui un taureau. AR. B.

424. — HISPAN. Tête de femme à d. R⁄. POST A. F. S. N. ALBIN. Homme en toge entre une aigle romaine et des faisceaux. 2 pièces. AR. TB.

425. — Tête de Diane. R⁄. C. POSTVMI AT. Chien courant. 2 pièces. AR. TB.

426. — PIETAS. Tête de la Piété. R⁄. ALBINVS BRVTI. Deux mains jointes tenant un caducée. 2 pièces. AR. TB.

427. — A. POSTVMIVS COS. Tête nue d'Aulus Postumius. R⁄. ALBINVS BRVTI. Dans une couronne d'épis. 2 pièces. AR. TB.

428. — **Procilia**. S. C. Tête laurée de Jupiter. R⁄. L. PROCILI. F. Junon Sospita debout. 2 pièces. AR. TB.

429. — Tête de Junon Sospita. R⁄. Même lég. Bige. 2 pièces. AR. TB.

430. **Quinctia**. Tête casquée de Rome. R⁄. T. Q. ROMA. Les Dioscures. 2 pièces. AR. TB.

431. — Buste d'Hercule. R⁄. T. I. Q. D. S. S. Cavalier conduisant deux chevaux. AR. TB.

432. — Monétaire. GB. Æ. B.

433. **Renia**. Tête casquée de Rome. R⁄. C. RENI ROMA. Bige de chèvres. 2 pièces. AR. TB.

434. — **Roscia**. T. ROSCI. Tête de Junon Sospita. R⁄. FABATI. Jeune fille donnant à manger à un serpent. 6 pièces AR. TB.

435. **Rubellia**. Petit bronze. TB.

436. **Rubria**. DOSSEN. Tête de Jupiter. R⁄. L. RVBRI. Quadrige. AR. TB.

437. **As**. RVBRI DOSSEN. Æ. TB.

438. **Rustia**. Tête casquée de Mars. R⁄. L. RVSTI. Bélier. 2 pièces. AR. TB.

439. — Q. RVSTIVS FORTVNAE ANTIAT. Bustes de femmes accolées. CAESARI AVGVSTO FOR RE EX. S. C. Autel. 2 pièces. **AR. TB.**

440. **Rutilia**. FLAC. Tête casquée de Rome. R⁄. L. RVTILI. Bige. 2 pièces. AR. TB.

441. **Salvia**. C. CAESAR III. VIR. R. P. C. Tête d'Octave. Bʲ. A. SAL-
VIVS IMP. COS DESIG. Foudre. AR. TB.

442. **Sanquinia**. M. SANQVINIVS III. VIR. Tête laurée de Jules
César. Bʲ. AVGVST. DIVI. F. Tête nue d'Auguste, à d. AR. TB.

443. — M. SANQVINIVS III. VIR. Tête de Jules César. Bʲ. AVGVSTVS
DIVI F. LVDOS SAEC. Prêtre salien debout. AR. TB.

444. — Monétaires. MB. 2 pièces. Æ. B.

445. **Satriena**. Tête casquée de Mars. Bʲ. P. SATRIENVS ROMA.
Louve à g. 5 pièces. AR. TB.

446. **Saufeia**. Tête casquée de Rome. Bʲ. L. SAVF ROMA. Bige.
2 pièces. AR. TB.

447. **Scribonia**. PAVLVS LEPIDVS CONCORD. Tête voilée de la
Concorde. Bʲ. PVTEAL SCRIBON LIBO. Autel. 2 pièces. AR.
TB.

448. — BON EVENT LIBO. Tête de Bonus Eventus. Bʲ. PVTEAL SCRIBON.
Autel. 2 pièces. AR. TB.

449. Tête de Rome casquée. Bʲ. C. SCR. ROMA. Les Dioscures
2 pièces. AR. TB.

450. **Sempronia**. S. C. Tête de Jules César. Bʲ. TI SEMPRONIVS
GRACCVS Q. DES. Enseigne militaire, aigle, charrue et sceptre.
AR. B.

451. — PITIO. Tête casquée de Rome. Bʲ. L. SEMP ROMA. Les Dioscures. 2 pièces. AR. TB.

452. **Sentia**. ARG. PVB. Même tête. Bʲ. L. SENTI C. F. Quadrige.
2 pièces. AR. TB.

453. **Sepullia**. CLEMENTIAE CAESARIS. Temple à quatre colonnes.
Bʲ. P. SEPVLLIVS MACER. Cavalier au galop conduisant deux
chevaux. AR. B.

454. — Tête voilée de Marc-Antoine entre le præfericulum et le
lituus. Bʲ. Même revers. AR. B.

455. — CAESAR IMP. Tête de Jules César derrière une étoile. Bʲ.
P. SEPVLLIVS MACER. Vénus debout à gauche tenant une victoire. 2 pièces. AR. TB.

456. — CAESAR DICT. PERPETVO. Tête de Jules César. Bʲ. Même
revers. 2 pièces. AR. TB.

457. — Même lég. Tête de Jules César voilée. Bʲ. Même revers
2 pièces. AR. TB.

458. **Sergia**. ROMA EX. SC. Tête casquée de Rome. R̥. M. SERGI SILVS. Cavalier au galop tenant par les cheveux une tête humaine coupée.

459. **Servilia**. C. CASSI. IMP. Tête de la Liberté. R̥. M. SERVILIVS LEG. Crabe tenant un acrostolium. AR. B.

460. — LEIBERTAS. Tête de la Liberté. R̥. CAEPIO BRVTVS PRO COS. Lyre entre le plaectrum et un rameau. AR. B.

461. — ROMA. Tête casquée de Rome. R̥. C. SERVEIL. Deux cavaliers se poursuivant. 3 pièces. AR. TB.

462. — Même R̥. C. SERVEILI M. F. Les Dioscures allant en sens inverse. 2 pièces. AR. TB.

463. — Même tête. R̥., C. SERVEIL. Deux soldats combattant à pied et ayant leurs chevaux près d'eux. AR. TB.

464. — RVLLI. Buste de Pallas à gauche. R̥. C. SERVILI M. F. Bige. 2 pièces. AR. TB.

465. — **Sestia**. L. SESTI. PRO. Tête voilée de la Liberté. R̥. Q. CAEPIO BRVTVS PRO COS. Trépied. AR. TB.

466. **Sicinia**. FORT. PR. Tête de la Fortune. R̥. A SICINIVS III VIR. Couronne, palme et caducée. 2 pièces. AR. TB.

467. **Silia**. ROMA. Buste casqué de Pallas. R̥. P. NERVA. Trois figures dans l'enceinte des comices. 2 pièces. AR. TB.

468. **Spurilia**. Tête casquée de Rome. R̥. A. SPVRI ROMA. Bige. 2 pièces. AR. TB. gravée.

469. **Statia**. Tête de Neptune à droite. R. MVRCVS IMP. Trophée; à gauche une femme à genoux, à droite un homme en toge qui lui tend la main. AR. TB.

470. **Statilia**. Petit bronze. AE. TB.

471. **Sulpicia**. L. SERVIVS RVFVS. Tête nue de Servius Sulpicius. R̥. Les Dioscures nus, debout, armées d'une haste et d'un parazonium. AR. B.

472. — CAESAR AVGVSTVS. Tête d'Auguste. R̥. C. SVLPICIVS PLATORIN. Agrippa et Auguste assis sur une estrade. AR. B.

473. — D. PP. Têtes accolées des dieux Pénates. R̥. C. SVLPICI C. F. Deux soldats debout, entre eux une truie. 2 pièces. AR. TB.

474. — S. C. Tête voilée de Vesta. R. P. GALB. AE. CVR. Simpule entre une hache et un couteau de sacrificateur. 2 pièces. AE. TB.

475. — Monétaire MB. AE.

476. **Tarquitia**. C. ANNIVS T. F. T. N. PRO. COS. EX. SC. R. C. TARQVITI P. F. Bige. 2 pièces. AR. B.

477. **Terentia**. Tête de Rome casquée. R. C. TER. LVC. ROMA. Les Dioscures. 2 pièces. AR. TB.

478. **Thoria**. S. M. R. Tête de Junon Sospita. R/. L. THORIVS BALBVS. Taureau. 9 pièces. AR. TB.

479. **Titia**. Tête barbue à droite. R/. Q. TITI. Pégase. 2 pièces. AR. TB.

480. — Tête de Bacchante à droite. R/. Même. 2 pièces. AR. TB.

481. — Buste ailé de la Victoire. R. Q. TITI. Pégase (quinaire). AR. TB.

482. — **As**. Q. TITI. AE.

483. **Titinia**. Tête casquée de Rome. R/. C. TITINI ROMA. Bige. 2 pièces. AR. B.

484. **Tituria**. SABIN. Tête nue de Tatius. R. L. TITVRI. Deux soldats enlevant deux sabines. 2 pièces. AR. TB.

485. — Même. R. L. TITVRI. Tarpeia entre deux soldats. 2 pièces. AR. TB.

486. **Todillia**. Tête casquée de Rome. R. TOD. ROMA. Bige et oiseau sur la lettre T. 2 pièces. AR. TB.

487. **Trebania**. Tête casquée de Rome. R/. L. TREBAN ROMA. 2 pièces. AR. TB.

488. **Semis**. TREBANI. AE. B.

489. **Tullia**. ROMA. Tête casquée de Rome. R/. M. TVLLI. Quadrige. 2 AR. TB.

490. **Turillia**. M. ANTONIVS AVG. IMP. III V. R. P. C. Tête de Marc-Antoine. R/. D. TVR. Victoire debout à gauche, dans une couronne. AR. B.

491. **Urbinia**. Tête casquée de Rome. R/. T. MA. AP. CL. Q. VIR. Victoire dans un trige. 2 pièces. AR. TB.

492. **Valeria**. ACISCVLVS. Tête radiée d'Apollon. R/. L. VALERIVS. Bige. AR. TB.

493. — ACISCVLVS. Tête d'Apollon. R/. L. VALERIVS. Europe sur un taureau. 2 pièces. AR. TB.

494. — Buste de la Victoire. R/. C. VAL FLA IMPERAT. Aigle entre deux enseignes militaires. 3 pièces. AR. TB.

495. — Buste ailé de la Victoire. ℞. L. VALERI FLACCI. Mars debout. 2 pièces. AR. TB.

496. — Tête casquée de Rome. ℞. C. VAL C. F. ROMA. Bige. 2 pièces. AR. TB.

497. — MESSAL F. Buste casqué de Mars. ℞. PATRE COS S. C. Chaise curule. AR. B.

498. **Vargunteia.** M. VAR. Tête casquée de Rome. ℞. ROMA. Quadrige. 2 pièces. AR. TB.

499. — Semis et Triens. 2 pièces. Æ. B.

500. **Ventidia.** M. ANT IMP III VIR R. P. C. Tête nue de M. Antoine. ℞. P. VENTID PONT IMP. Soldat debout, presque nu, tenant une haste et une branche d'olivier. AR. TB. Gravée.

501. **Vergilia.** Tête de Janus. ℞. VER GAR OGVL Proue de vaisseau. 2 pièces. Æ. B.

502. **Vettia.** SABINIVS TA S. C. Tête de Tatius. ℞. T. VETTIVS IUDEX. Bige à g. AR. B.

503. **Veturia.** TI. VET. Buste de Mars. ℞. ROMA. Homme à genoux tenant une truie entre deux soldats debout. 2 pièces. AR. TB.

504. — **Vibia.** PANSA. Masque de Silène. ℞. C. VIBIVS. CF. Masque de Pan. AR. TB.

505. — Tête laurée d'Hercule. ℞. C. VIBIVS VARVS. Pallas debout, à droite. AR. B.

506. — Buste de Pallas à d. ℞. Même lég. Hercule debout. 2 pièces. AR. TB.

507. — Tête nue de M. Antoine. ℞. Même lég. Vénus debout tenant une corne d'abondance. 2 pièces. AR. B.

508. PANSA. Tête de Bacchante. ℞. C. VIBIVS C. F. C. N. Cérès dans un bige de serpents. AR. TB.

509. — Tête de Bacchus. ℞. C. VIBIVS VARVS. Panthère montant sur un autel. 3 pièces. AR. TB.

510. — PANSA. Masque de Pan. ℞. C. VIBIVS CF. CN. IOVIS AXVR. Jupiter assis, à g. 2 pièces. AR. TB.

511. — PANSA. Tête de Bacchante. ℞. C. VIBIVS CF. CN. Cérès marchant, à droite. 2 pièces. AR. TB.

512. — PANSA. Tête d'Apollon. ℞. C. VIBIVS. Quadrige. 6 pièces. AR. B.

513. — Tête de Jupiter. ℞. VB. ROMA. Victoire couronnant un trophée. AR. TB.

514. — Tête de Janus. ℞. C. VIBI. RAN. Trois proues de vaisseau. Æ. TB.

515. **Vinicia**. Tête nue d'Auguste à d. ℞. L. VINICIVS. Arc de triomphe surmonté d'un quadrige; sur le fronton on lit : S. P. Q. R. IMP. C. AR. TB.

516. — S P. Q. R. IMP. CAES. Sur le piédestal d'une statue équestre, placée devant les murs d'une ville. ℞. L. VINICIVS LF. III VIR. Cippe sur lequel on lit : S. P. Q. R. IMP CAES QVOD V. M.S EX EA P. Q. IS AD A DE. AR. TB.

517 — CONCORDIA. Tête de la Concorde. ℞. L. VINICI. Victoire volant. 2 pièces. AR. B.

518. **Vipsania**. DIVOS IVLIVS DIVI F. Têtes de Jules César et d'Octave en regard. ℞. M. AGRIPPA COS DESIG en deux lignes. AR. B.

519 — IMP. CAESA DIVI IVLI F. Tête d'Octave. ℞. Même nom. AR. B.

520. **Voconia**. DIVI IVLI. Tête de Jules César. ℞. Q. VOCONIVS VITVLVS. Veau à g. AR. B.

521. **Volteia**. Tête de Jupiter à d. ℞. M. VOLTEI MF. Temple à quatre colonnes. 2 pièces. AR. TB.

522. — Tête de Pallas à d. ℞. Même lég. Bige de lions. 2 pièces. AR. TB.

523. — Tête de Bacchus à d. ℞. Même lég. Bige de serpents. 2 pièces. AR. TB.

524. — Tête imberbe d'Hercule. ℞. Même lég. Sanglier. AR. TB.

525. — Lot de 76 petits bronzes. Æ. B.

MONNAIES ROMAINES IMPÉRIALES

OR ET ARGENT

526. **Pompée**. Tête de Numa Pompilius. MAGN. PRO. COS. Proue de vaisseau.

527. **Jules César**. Tête laurée. ℞. L. BVCA. Caducée et Faisceaux. AR. TB.

528. — Même tête. R. L. SEPVLLIVS MACER. Vénus debout. AR. TB.

529. — Tête voilée. ℞. Même revers. AR. B.

530. **Lepide**. Sa tête. ℞. CAESAR IMP., etc. Tête nue d'Octave. 2 pièces. AR. B.

531. **Marc Antoine**. Sa tête. ℞. CAESAR DICT. Tête laurée de Jules César. AR. B.

532. **Octavie**. Têtes accolées de Marc Antoine et d'Octavie. ℞. Ciste mystique. Médaillon AR. B.

533. **Cléopâtre**. Sa tête. ℞. Tête nue de Marc Antoine. 2 pièces. AR. B.

534. **Auguste**. Tête nue d'Auguste à droite. ℞. AVGVSTVS. Capricorne. AR. B.

535. — CAESAR. Même tête. ℞. AVGVSTVS. Vache à droite. AR.

536. — Tête laurée d'Auguste à droite. ℞. CAESAR AVGVSTVS. S. P. Q. R. Deux branches de laurier; au milieu, un bouclier sur lequel on lit : C. L. V. 2 pièces. AR. B.

537. — IMP. CAESARI AVG. Q. COS. XI. TR. POT. VI. Sa tête nue à droite. ℞. CIVIL. ET SIGN. MILIT. Q. PART. RECVP. Arc de triomphe. 2 pièces. AR.

538. — Tête d'Auguste à gauche, couronnée de chêne. ℞. FORTVNA REDV. CAESARI AVG. S. P. Q. R. Sur un autel. AE.

539. — AVGVSTVS DIVI. F. Sa tête nue à droite. ℞. IMP. XI. Capricorne. AR.

540. — CAESAR AVGVSTVS. Sa tête nue à droite. ℞. JOV. TON. Jupiter tenant un foudre, dans un temple à six colonnes. AR.

541. — CAESARI AVGVSTO. Sa tête laurée à droite. ℞. MAR. VLT. Temple rond à six colonnes.

542. — CAESAR AVGVSTVS. Sa tête nue à droite. ℞. OB CIVIS SER-VATOS. Couronne de chêne et bouclier, avec l'inscription : S. P. Q. R. A. L. R. AR.

543. — CAESAR AVGVSTVS. Sa tête nue à gauche. ℞. SIGNIS RECEPTIS. Mars debout, de face.

544. — Même tête. ℞. SIGNIS RECEPTIS S. P. Q. R. Bouclier entre une aigle romaine et une enseigne militaire. Sur le bouclier : CL. V. AV.

544 bis. — Même pièce. AR.

545. — CAESARI AVGVSTO. Sa tête laurée à gauche. ℞. S. P. Q. R. (à l'exergue) Quadrige au pas à droite. AR.

546. — CAESARI AVGVSTO. Sa tête laurée à droite. S. P. Q. R. Temple rond à quatre colonnes, au milieu un char. AR.

547. — CAESAR AVGVSTVS. Sa tête nue à droite. ℞. S. P. Q. R. CL. V. sur un bouclier. AR.

548. — S. P. Q. R. CAESARI AVGVSTO. Sa tête nue à droite. ℞. VOT. P. SVS. SA. ET RED. I.O.M. SACR. Mars debout à gauche. AR. B.

549. — Quadrige, etc. ℞. S. P. Q. R. PARENT. CONS. SVO Couronne, etc. AR. B.

550. — Tête d'Auguste. ℞. CAESAR AVGVSTVS entre deux branches de laurier. AV. B.

551. — Tête d'Auguste. ℞. CAESAR DIVI. F. ARMEN. CAPT. Arménien debout. AR.

552. — Même tête. ℞. ARMENIA CAPTA. Tiare, deux carquois et un arc. AR. TB.

553. — Même tête. ℞. CAESAR DIVI. F. La paix debout, etc. AR. B.

554. — Même tête. ℞. CAESAR DICT. PERP. Chaise curule et couronne AR. B.

555. — Même tête. ℞. IMP. CAESAR. Statue sur une colonne ros-trale. 2 pièces. AR. B.

556. — Même tête. ℞. IMP. X. Deux soldats présentent une branche d'olivier à Auguste. AR. TB.

557. — Même tête. Victoire sur une proue de navire. (Quinaires.) 2 pièces. AR. B.

558. — Même tête. ℞. Tipes divers. 12 pièces. AR. TB.

559. Agrippa. Tête. ℞. *Cæsar Augustus*. Tête nue d'Auguste. AR. 1 pièce. TB.

560. **Caius César**. Tête. ℞. *August*. Candélabre. AR. 1 pièce. TB.

561. **Tibère**. Tête. ℞. *Pontif. Maxim*. Livie assise. OR. 1 pièce. B.

562. — Tête. ℞. *Pontif. Maxim*. Livie assise. AR. 1 pièce. TB.

563. — Tête. ℞. *Cæsar Augustus*. Tête d'Auguste. AR. 1 pièce. **B.**

564. — Tête. ℞. *Imp. VII*. Quadrige. AR. 1 pièce. B.

565. **Drusus**. Tête. ℞. *Ti Cæs*., etc. Tête de Tibère. AR. 1 pièce.

566. **Néron Drusus**. Tête. ℞. *De Germanis*. Instruments de guerre. AR. 1 pièce. B.

567. **Antonia**. Tête. ℞ Deux torches allumées. AR. 1 pièce.

568. **Germanicus**. Tête. ℞. Tête de Caligula. AR. 1 pièce. **TB.**

569. **Agrippine**. Tête. R. Tête de Caligula. **AR. 1 pièce. B.**

570. **Caligula**. Tête. ℞. Tête d'Auguste. AR. 1 pièce. B.

571. — Tête. ℞. Victoire assise sur un globe (quinaire). **AR.** 1 pièce.

572. **Claude**. Tête. ℞. Tête d'Agrippine. AR. 1 pièce. B.

572 bis. — Tête. ℞. *Paci Augustæ*. AR. 1 pièce.

573. **Néron**. Tête. ℞. Types divers. AR. 1 piece.

574. — Tête. ℞. *Sacerd. coop.*, etc. Instruments de sacrifice. **AR.** 1 pièce.

575. **Galba**. Tête. R. *Diva Augusta*. Livie debout à gauche. OR. 1 pièce. B.

576. — Tête. ℞. *Diva Augusta*. Livie debout à gauche. **AR.** 2 pièces. B.

577. — Tête. R. *Hispania*. L'Espagne debout. AR. 1 pièce. **B.**

78. — Tête. ℞. *Roma renascens*. Rome debout. AR. 1 pièce. **B.**

579. — Tête. ℞. *Vi.toria P. R.* Victoire debout. AR. 1 pièce. **B.**

580. — Tête. ℞. Victoire sur un globe (quinaire). AR. 1 pièce.

581. **Othon**. Tête. ℞. *Securitas*. La Sécurité debout. **OR.** 1 pièce. B.

582. — Tête. ℞. *Securitas*. La Sécurité debout. AR. 1 pièce. B.

583. — Tête. ℞. *Pax*. La Paix debout. AR. 1 pièce. B.

584. **Vitellius**. Tête. ℞. Types divers. AR. 6 pièce. B.

585. **Vespasien**. Tête. ℞. *Tr. Pot. X. Cos. VIII*. Victoire érigeant un trophée. AR. 1 pièce. B.

586. — Tête. ℞. *Tr. Pot. X. Cos. VIII*. Statue sur une colonne rostrale. AR. 1 pièce. B.

587. — Tête. ℞. *Titus et Domitianus.* Titus et Domitien assis. AR. 1 pièce. B.

588. — Tête. ℞. Types divers. AR. **3** pièces. B.

589. Domitilla. Tête. ℞. *Pietas august.* La Piété assise. AR. 1 pièce fourrée.

590. Titus. Tête. ℞. Types divers. AR. 3 pièces. B.

591. Julie. Tête. ℞. *Venus August.* Vénus debout. AR. 1 pièce.

592. Domitien. Tête. ℞. *Cos. III, Lud. sæc. fec.* Prêtre Salien debout. AR. 1 pièce. B.

593. — Tête. ℞. *Cos. III, Lud. sæc. fec.* Prêtre Salien debout. (quinaire). AR. 1 pièce.

594. — Tête. ℞. *Jupp. conservator.* Aigle. AR. 1 pièce. B.

595. — Tête. ℞. *Princeps juventutis.* Chèvre dans une couronne. AR. 1 pièce. B.

596. — Tête. ℞. Types divers. AR. 4 pièces. B.

597. — Tête. ℞. Victoire debout (quinaire). AR. 5 pièces. B.

598. Domitia. Tête. ℞. *Concordia August.* Paon (gravée). OR. 1 pièce. TB.

599. — Tête. ℞. *Concordia August.* Paon. AR. 1 pièce.

600. Nerva. Tête. ℞. *Concordia exercituum.* Deux mains jointes. AR. 1 pièce. TB.

601. Trajan. Tête. ℞. *Cos. V. etc.* Cérès debout. OR. 1 pièce. B.

602. — Tête. ℞. *S. P. Q. R. Optimo Principi.* Trajan à cheval. AR. 1 pièce. B.

603. — Tête. ℞. *Divus pater Trajani.* Trajan père assis. AR. 3 pièces. B.

604. — Tête. ℞. Types divers. AR. 4 pièces. B.

605. — Tête. ℞. Victoire debout ou assise (quinaire). AR. 5 pièces. B.

606. Plotine. Tête. ℞. *Cæsar Aug. Germa.* Vesta assise. AR. 1 pièce.

607. Marciane. Tête. ℞. *Pietas Aug.* Matidie et ses enfants. AR. 1 pièce. B.

608. — Tête. ℞. *Pietas Aug.* Matidie et ses enfants. AR. 1 piece.

609. Hadrien. Tête. ℞. *Asia. Germania. Nilus. Tellus stabilis.* AR. 4 pièces. B.

610. — Tête. ℞. *Adventus aug. Adoptio. Restitut Galliæ.* AR. 3 pièces. B.

611. — Tête. ℞. *Liberalitas aug. Congiarium*. AR. 2 pièces.

612. — Tête. ℞. Types divers. AR. 5 pièces. B.

613. — Tête. Victoire debout et assise (quinaire). AR. 3 pièces. B.

614. **Sabine**. Tête. ℞. *Pudicitia*. La Pudeur debout. AR. 1 pièce. B.

615. — Tête voilée. ℞. *Consecratio*. Aigle enlevant Sabine. AR. 1 pièce.

616. **Ælius César**. Tête. *Pietas*, etc. La Piété debout. OR. 1 pièce. B.

617. — Tête. ℞. *Pietas*, etc. La Piété debout. AR. 1 pièce. TB.

618. — Tête. ℞. *Concord*, etc. La Concorde assise. AR. 4 pièces. B.

619. — Tête. ℞. *Trib. Pot*. La Piété debout. AR. 1 pièce. B.

620. **Antonin**. Tête. ℞. Tête de Marc-Aurèle. AR. 1 pièce. B.

621. — Têtes. ℞. Types divers. AR. 2 pièces. B.

622. **Faustine sen.** Tête voilée. ℞. *Pietas*. AR. 1 pièce. TB.

623. — Tête. ℞. Sans légende. Cérès debout avec sceptre et deux épis. AR. 1 pièce. TB.

624. — Tête. ℞. Types divers. AR. 5 pièces. B.

625. **Marc-Aurèle**. Tête. ℞. *Primi decennales* dans une couronne. AR. 1 pièce. TB.

625 bis. — Tête. ℞. Types divers. 4 pièces. B.

626. **Faustine jeune**. Tête. ℞. *Concordia*. Colombe. OR 1 pièce. B.

627. — Tête voilée. ℞. *Matri castrorum*. Faustine assise. AR. 1 pièce. B.

628. — Tête. ℞. *Matri magnæ*. Cybèle assise. AR. 1 pièce. TB.

629. — Tête. ℞. *Venus. Iunoni reginæ*. AR. 2 pièces. B.

630. **L. Verus**. Tête. ℞. Cérès debout. AR. 1 pièce. TB.

631. **Lucille**. Tête. ℞. *Vota publica* dans une couronne. AR. 1 pièce. TB.

632. **Commode**. Tête. ℞. *Fides exerc*. Allocution. AR. 1 pièce. B.

633. — Tête. ℞. *Tr. Pot. VIII*. Victoire écrivant sur un bouclier. AR. 1 pièce. TB.

634. — Tête. ℞. *Spes publica*. L'Espérance debout. AR. 1 pièce. B.

635. **Crispine**. Tête. ℞. *Dis genitalibus*. Autel. AR. 1 pièce. B.

636. **Pertinax**. Tête. ℞. *Opi divin*. La Richesse assise. AR. 1 pièce. B.

637. · — Tête. ℞. *Provid. deor.* La Provid. debout. AR. 1 pièce. B.

638. **Dide Julien.** Tête. ℞. *P. M. Trib.* La Fortune debout. AR.
1 pièce. B.

639. **Pescennius Niger.** Tête. ℞. *Boni Eventus.* La Foi debout.
AR. 1 pièce.

640. **Albin.** Tête. ℞. *Provid. aug.* La Providence debout. AR. 1
pièce. B.

641. — Tête. ℞. *Romæ æternæ.* Rome assise. AR. 1 pièce. B.

642. **Sept. Sévère.** Tête. ℞. *Æternitas imperi.* Têtes en regard
de Sévère et de Caracalla. AR. 1 pièce. B.

643. — Tête. ℞. *Adventus aug.* Sévère à cheval précédé d'un soldat. AR. 1 pièce B.

644. — Tête. ℞. Types divers. AR. 2 pièces. B.

645. **Julie.** Tête. ℞. Types divers. AR. 3 pièces. TB.

646. **Caracalla.** Tête. ℞. *Prof. aug.* Caracalla à cheval précédé
d'un soldat. AR. 1 pièce. TB.

647. — Tête. ℞. Types divers. AR. 4 pièces. TB.

648. — Tête ℞. *Pont. tr. P. XI.* Victoire (quinaire). AR. 1 pièce.

649. — **Plautille.** Tête. ℞. Types divers. AR. 3 pièces. TB.

649 *bis.* — Tête. ℞. Types divers. AR. 4 pièces. B.

650. **Geta.** Tête. R. Types divers. AR. 2 pièces. TB.

651. **Macrin.** Tête radiée. ℞. *jovi conservatori. Fides militum.*
AR. 2 pièces. TB.

652. — Tête laurée. ℞. Types divers. AR. 8 pièces. TB.

653. — Tête laurée. ℞. *Pontif. Max.* La Sécurité debout. 1 pièce. B.

654. **Diaduménien.** Tête laurée. R. *Spes publica.* L'Espérance
marchant à droite. AR. 1 pièce. TB.

655. — Tête laurée. *Principi juventutis.* Diadum. debout. AR.
1 pièce. TB.

656. — Tête laurée. ℞. *Principi juventutis.* Diadum debout. AR.
2 pièces. TB.

657. **Elagabale.** Tête laurée. R. *Invictus sacerdos.* Elagabale
debout. AR. 1 pièce. TB.

658. **J. Paula.** Tête laurée. R. *Concordia.* La Concorde assise.
AR. 3 pièces. B.

658 *bis.* — Tête laurée. ℞. *Concordia.* Elagabale et Julie debout. AR.
1 pièce. B.

659. — Tête laurée. R. *Venus genitrix.* Vénus assise. AR. 2 pièces.

660. **Aquilia Severa**. Tête laurée. R. *Concordia.* Femme debout. AR. 3 pièces. B.

661. **J. Soemias**. Tête laurée. R. *Venus cœlestis.* Vénus debout. AR. 1 pièce. B.

662. **J. Moesa**. Tête laurée. R. *Pudicitia aug. Pietas aug.* AR. 2 pièces. B.

663. **Alexandre**. Tête. R. *Julia Mamea aug.* Tête de Mamée. AR. 1 pièce. B.

664. — Tête. R. *P. M. Tr. Pot. II. cos. P. P.* Jupiter debout (quinaire doré). AR. 1 pièce. B.

665. — Tête. R. *P. M. Tr. Pot. XII.* Le Soleil radié debout. AR. 1 pièce. TB.

666. **J. Mamée**. Tête. R. *Æquitas publica.* Les trois monnaies (médaillon). AR. 1 pièce.

667. — Tête. R. Types divers. AR. 2 pièces. TB.

668. **Orbiana**. Tête. La Concorde assise. AR. 4 pièces. B.

669. **Maximin**. Tête. R. *P. M. Tr. P. III.* L'Empereur entre deux enseignes. AR. 1 pièce. TB.

c70. **Pauline**. Tête voilée. R. *Consécratio.* Paon enlevant Pauline. AR. 2 pièces. B.

671. **Maxime**. Tête. R. *Princeps juventutis.* Maxime entre deux enseignes. AR. 3 pièces. B.

672. — Tête. R. *Pietas aug.* Instruments de sacrifice. AR. 2 pièces. B.

673. **Gordien Afr. père**. Tête. R. *Securitas augg.* La Sécurité assise. AR. 1 pièce. B.

674. — Tête. R. *Victoria augg.* Victoire debout. AR. 1 pièce. TB.

675. **Balbin**. Tête. R. Types divers (grand module). AR. 4 pièces. TB.

676. — Tête. R. Types divers (module ordinaire). AR. 4 pièces. TB.

677. **Pupien**. Tête. R. Types divers (grand module). AR. 2 pièces. B.

678. — Tête. R. Types divers (module ordinaire). AR. 4 pièces. TB.

679. **Gordien Pieux**. R. *Fortuna redux.* La Fortune assise. AR. 1 pièce. TB.

680. **Philippe père**. Tête. ℞. Types divers. Ar. ₊ pièces. TB.

681. — Tête, ℞. *Pietas augg*. Bustes affrontés d'Otacilie et de Philippe le jeune, gravée. AR. 1 pièce. B.

682. **Otacilie**. Tête. ℞. *Concordia augg*. AR. 1 pièce. TB.

683. **Philippe lum**. Tête. ℞. *Liber augg*. III. Philippe père et Philippe fils assis. AR. 1 pièce. TB.

684. **Trajan Dèce**. Tête. ℞. *Dacia*. AR. 1 TB.

685. **Her. Etruscille**. Tête. ℞. Pudicitia. AR. 1 pièce. TB.

686. **Her. Etruscus**. Tête. ℞. Types divers. AR. 7 pièces. B.

687. **Hostilien**. Tête. ℞. Types divers. AR. 4 pièces, B.

688. **Treb. Galle**. Tête. ℞. La Piété debout. AR. 1 pièce. B.

689. **Volusien**. Tête. ℞. La Félicité debout. AR. 1 piéce. TB.

690. **Emillien**. Tête. ℞. Types divers. AR. 8 pièces. TB.

691. **Valérien**. Tête. ℞. Victoire debout. AR. 1 pièce. B.

692. **Mariniana**. Tête. ℞. *Consecratio*. AR. 7 pièces. B.

693. **Gallien**. Tête. ℞. *Annona aug*. AR. 1 pièce. B.

694. — Tête. ℞. *Jovi conservatori* (Quinaire). AR. 1 pièce.

695. — Tête. ℞. Restitution. 4 d'*Auguste*, 1 de *Titus*, 3 de *Vespasien*, 1 de *Nerva*, 2 de *Trajan*, 3 d'*Antonin*, 4 d'*Alex. Sév*. AR. 18 pièces. B.

696. **Salonine**. Tête. ℞. Junon debout. AR. 1 pièce. TB.

697. — Tête. ℞. *Pudicitia* (Quinaire). AR. 1 pièce.

698. **Salonin**. Tête. ℞. *Pietas augg*. Instrum. de sacrifice. AR. 1 pièce. B.

IMPÉRIALES ROMAINES

BRONZE ET BILLON

699. **Jules César**. Tête. ℞. Tête d'Octave. GB. 2 pièces. B.

700. **Auguste**. Tête. ℞. *Divos Julius*. GB. 2 pièces. B.

701. — Auguste assis. ℞. *Ti Cæs. divi Aug. fil*. GB. 2 pièces.

702. — Auguste assis. ℞. *Ti divi Vesp. fil. rest*. GB. 3 pièces. B.

703. — Char d'éléphants. R̸. *Ti Cæs. divi Aug. fil.* GB. 3 pièces, **B**.

704. — Tête. R̸. Types divers. MB. 4 pièces,

705. — Tête. R. Types divers. *Restitutions.* MB. 4 pièces **B**.

706. — R̸. Autel de Lyon. PB. 1 pièce.

707. **Auguste** et **Agrippa**. Deux têtes. R̸. Crocodile, etc. MB, 1 pièce B.

708. **Agrippa**. Tête. R̸. Neptune debout. MB. 1 pièce B.

709. **Livie**. Carpentum. R̸. *Ti Cæs. divi Aug. fil.* GB. 2 pièces. **B**.

710. — Tête. R̸. Types divers. MB. 3 pièces.

711. — Tête. R̸. Restitution de Titus. MB. 1 pièce.

712. **Tibère**. Quadrige. R̸. *Ti Cæs. divi Aug. fil.* GB. 1 pièce.

713. — Tibère assis. R̸. *Ti Cæs. divi Aug. fil.* RB. 2 pièces. **B**.

714. — Tête. R̸. Restitution de Domitien. MB. 2 pièces. **B**.

715. — Tête. R̸. Autel de Lyon. PB. 1 pièce.

716. **Néron Drusus**. Tête. R̸. Claude assis, etc. GB. 1 pièce. **B**.

717. — Tête. R̸. L'Espérance debout. GB. 1 pièce. **B**.

718. — Deux Cavaliers. R̸. *C. Cæsar*, etc. MB. 1 pièce. **B**.

719. **Drusus**. Cornes d'abondance. R̸. *Drusus Cæsar*, etc. **GB**, 1 pièce.

720. — Tête. Restitution de Titus. MB. 2 pièces. **B**.

721. **Germanicus**. Tête. R̸. *Caius Cæsar*, etc.

722. — Tête. R̸. Restitution de Titus. MB, 2 pièces. **B**.

723. **Agrippine**. Tête. R̸. Carpentum, etc. GB. 3 pièces. **B**.

724. **Caligula**. Tête. R̸. *S. P. Q. R. Ob cives servatos.* GB. 2 pièces. **B**.

725. — Tête. R̸. Allocution. GB. 1 pièce B.

726. — La Piété assise. R̸. Temple, etc. GB. 3 pièces. **B**.

727. — Tête. R̸. Types divers. MB. 3 pièces. **B**.

728. — Tête. R̸. *Pont. Roma.* PB. 1 pièce.

729. **Claude**. Tête. R̸. Types divers. GB. 3 pièces B.

730. — Tête. R̸. Restitution de Titus. MB. 4 pièces B.

731. **Néron**. Tête. R̸. *Congiarium.* GB. 1 pièce TB.

732. — Tête. R. Rome assise (Cohen n° 220). GB. 1 pièce. TB.

733. — Tête. R̸. Rome assise (Cohen n° 222). GB. 1 pièce. **B**.

734. — Tête. R̸. *Decursio.* — Allocution. GB. 3 pièces.

735. — Tête. R̸. Types divers. MB. 5 pièces. **B**.

736. — Tête. R. Types divers. MB. 19 pièces.

737. **Galba**. R̸. La Liberté debout. GB. 1 pièce **B**.

738. — Tête. ℞. La Paix debout. MB. 1 pièce. B.

739. **Vitellius**. Tête. ℞. Mars avec trophée. GB. 1 pièce. B.

740. — Tête. ℞. Victoire debout. GB. 1 pièce.

741. — Tête. ℞. Cérès assise. — Victoire debout. MB. 3 pièces.

742. **Vespasien**. Tête. ℞. Types divers. GB. 3 pièces. B.

743. — Tête. ℞. Types divers. MB. 4 pièces. B.

744. — Tête. ℞. Caducée ailé. PB. 1 pièce.

745. — Types divers. ℞. Types divers. PB. 5 pièces. B.

746. **Domitilla**. Carpentum. ℞. *Imp. F. Cæsar*, etc. GB. 1 pièce. B.

747. **Titus**. Tête. ℞. Types divers. GB. 3 pièces. B.

748. — Tête. ℞. Type divers. MB. 4 pièces. B.

749. — Tête. ℞. Types divers. PB. 2 pièces. B.

750. **Julie**. Vesta assise (3). Restitution de Titus. MB. 4 pièces. B.

751. **Domitien**. Tête. ℞. Types divers. GB. 2 pièces. B.

752. — Tête. ℞. Type divers. MB. 4 pièces. B.

753. — Tête. ℞. Tête de Domitien. MB. 1 pièce.

754. — Tête. ℞. Types divers. PB. 2 pièces. B.

755. — Tête. ℞. Types divers. PB. 14 pièces. B.

756. — **Domitia**. Tête. ℞. Corbeille remplie d'épis. PB. 6 pièces. B.

757. **Nerva**. Tête. ℞. Types divers. GB. 2 pièces. B.

758. — Tête. ℞. Congiarium. GB. 1 pièce. B.

759. — Tête. ℞. Deux mules. GB. 1 pièce. B.

760. — Modius. ℞. Caducée. PB. 6 pièces. B.

761. **Trajan**. Tête. ℞. Types divers. GB. 2 pièces. B.

762. — Tête. ℞. Congiarium. — *Aqua Trajana*. GB. 2 pièces. B.

763. — Tête. ℞. Types divers. MB. 6 pièces. B.

764. — Tête. ℞. Id. *Dardanici*. PB. 16 pièces B.

765. **Hadrien**. Tête. ℞. Types divers. GB. 5 pièces. B.

766. — Tête. ℞. Congiarium. GB. 1 pièce. B.

767. — Tête. ℞. Types divers. MB. 8 pièces. B.

768. — Tête. ℞. Tête d'Adrien; id. d'Ælius César. MB. 3 pièces.

769. — Tête. ℞. Type divers. PB. 7 pièces. B.

770. — Tête. ℞. *Met Nor*. PB. 1 pièce.

771. **Sabine**. Tête. ℞. Vesta assise. GB. 1 pièce.

772. — Tête. ℞. Junon debout. MB. 1 pièce. B.

773. **Ælius César**. Tête. R. Types divers. GB. 2 pièces.

774. — Tête. R. Types divers. MB. 4 pièces.

775. **Antonin.** Tête. R. Types divers. GB. 4 pièces. B.

776. — Tête. R. Revers rares. GB. 4 pièces. B.

777. — Tête. R. Types divers. MB. 9 pièces. B.

778. — Tête. R. Types divers. PB. 3 pièces. B.

779. **Faustine Sen.** Tête. R. *Augusta.* GB. 1 pièce. TB.

780. — Tête. R. Char d'éléphans; id. de lions. GB. 3 pièces.

781. — Tête. R. Types divers. GB. 2 pièces. B.

882. — Tête. R. Type divers. MB. 6 pièces. B.

783. **Annius Verus.** Tête. R. Tête de Faustine. MB. 1 pi

784. — **Marc Aurèle.** Tête. R. Types divers. GB. 8 pièces.

785. — Tête R. Types divers. MB. 6 pièces. B.

786. — Tête. R. Types divers. PB. 2 pièces. B.

787. **Faustine.** Tête. R. Types divers. GB. 3 pièces. B.

788. — Tête. R. *Matri magnæ.* MB. 5 pièces. B.

789. **L. Verus.** Tête. R. Types divers. GB. 2 pièces. B.

790. — Tête. R. Victoire debout. MB. 1 pièce. B.

791. **Lucille.** Tête. R. Types divers. GB. 2 pièces. B.

792. — Tête. R. Vesta assise. MB. 8 pièces. B.

793. **Commode.** *M. Commodvs Antoninvs Pivs Felix Aug. Brit...* Son buste lauré à droite, avec le paludament et la cuirasse. R. *Tellus Stabil. rm. t. r. p.* xii *imp.* viii *cos v. pp.* La Terre couchée à gauche, posant la main droite sur le globe terrestre, tenant de la gauche un cep de vigne et accoudé à un panier; autour du globe quatre jeunes filles avec les attributs des Quatre Saisons. Médaillon Cohen, n° 427. B.

794. — Tête. R. Congiarium. GB. 4 pièces. B.

795. — Tête. R. Types divers. MB. 2 pièces. B.

796. **Crispine.** Tête. R. Types divers. MB. GB. 6 pièces. B.

797. — Tête. R. L'Allégresse debout. MB. 1 pièce. B.

798. **Pertinax.** Tête. R. Femme debout. MB. 3 pièces.

799. — Tête. R. Congiarium. *Liberalitas aug.* MB. 1 pièce.

800. **Dide Julien.** Tête. R. Types divers. GB. 2 pièces.

801. — Tête. R. La Fortune debout. MB. 1 pièce. B.

802. **Didia Clara.** Tête. R. *Hilarstas.* GB. 2 pièces.

803. **Manlia Scantilla.** Tête. R. *Iuno Regina.* GB. 1 pièce.

804. **Albin.** Tête. R. Types divers. GB. 2 pièces. B.

805. — Tête. R. La Félicité debout. MB. 1 pièce. B.

806. **Macrin.** Tête. R̵. Types divers. GB. 2 pièces.

807. — Tête. R̵. Types divers. GB. 5 pièces.

808. **Diaduménien.** Tête. R̵. Types divers. MB. 3 pièces.

809. **Septime Sévère.** Tête. R̵. Les trois monnaies. GB. 1 pièce. B.

810. — Tête. R̵. Victoire debout. GB. 1 pièce.

811. **Julie.** Tête. R̵. Types divers. GB. 2 pièces.

812. — Tête. R̵. Cérès debout. MB. 1 pièce. B.

813. **Caracalla.** Tête. R̵. Types divers. GB. 3 pièces. B.

814. — Tête. R̵. Types divers. MB. 4 pièces. B.

315. **Plautille.** Tête. R̵ La Piété debout. MB. 1 pièce.

816 **Géta.** Tête. R̵. La Fortune assise. GB. 1 pièce. B.

817. — Tête. R̵. La Concorde entre 6 enseignes mil. GB. 1 pièce.

818. — Tête. R̵. La Fécondité debout. MB. 1 pièce.

819. **Héliogabale.** Tête. R̵. La Fortune debout. GB. 1 pièce.

820. **Annia Faustina.** Tête. R̵. *Concordia.* GB. 1 pièce.

821. **Julia Paula.** Tête. R̵. *Concordia.* GB. 1 pièce.

822. **Julia Soemias.** Tête. R̵. Vénus assise. GB. 1 pièce. B.

823. — Tête. R̵. Types divers. MB. 3 pièces.

824. **Julia Moesa.** Tête. R̵. Types divers. GB. 2 pièces.

825. — Tête. R̵. Types divers. MB. 3 pièces.

826. **Alex. Sévère.** Tête. R̵. Types divers. GB. 4 pièces. B.

827. — Tête. R̵. *Congiarium Lib. aug.* GB. 1 pièce.

828. — Tête. R̵. Types divers. MB. 3 pièces. B.

829. **Julie Mamée.** Tête. R̵. Types divers. GB. 3 pièces. B.

830. — Tête. R̵. La Fécondité. MB. 1 pièce. B.

831. **Orbiana.** Tête. R̵. Types divers.

832. — Tête. R̵. Types divers. MB. 3 pièces. B.

833. **Maximin.** Tête. R̵ Types divers. GB. 4 pièces. B.

834. — Tête. R̵. Types divers. MB. 3 pièces. B.

835. **Pauline.** Tête. R̵. *Consecratia.* GB. 1 pièce.

836. **Maxime.** Tête. R̵. Types divers. GB. 4 pièces. B.

837. — Tête. R̵. Types divers. MB. 2 pièces. B.

838. **Gordien Afr.** Tête. R̵. *Victoria. aug. g.* GB. 1 pièce. TB.

839. — Tête. R̵. *Romæ æternæ.* GB. 1 pièce.

840. — **Balbin.** Tête. R̵. LIBERALITAS AVGVSTORVM. S. C., gravée. GB. 1 pièce. TB.

840 bis. — Tête. R̵. *Congiarium.* GB. 1 pièce. TB.

840 ter. — Tête. R̟. Types divers. GB. 3 pièces. B.

841. **Pupien.** Tête. R̟. Avec le titre de *Maximus*. GB. 1 pièce. TB.

842. — Tête. R̟. Types divers. GB. 3 pièces. B.

843. **Gordien Pieux.** Tête. R. Types divers. GB. 4 pièces. B.

844. — Tête. R̟. Types divers. MB. 2 pièces. B.

845. — Tête. R̟. MB. 1 pièce.

846. **Gordien** ET **Tranquilline.** D'Antioche. GB. 1 pièce. B.

847. **Salo. Tranquilline.** Tête R̟. *Concordia.* GB. 1 pièce.

848. **Philippe père.** Tête. R̟. Types divers. 6 pièces. GB. et 2 pièces. MB.

849. — **Philippe père , Otacilie** ET **Philippe fils.** *Concordia avgvstorvm.* Bustes accolés de Philippe père et d'Otacilie, affrontés au buste de Philippe fils. R̟. *sæculares augg.* Cirque, courses de chars dans un cirque, gravée. Splendide médaillon. Æ. Inédit.

849 bis. **Otacilie.** Tête. R̟. Types divers. GB. 4 pièces. B.

850. **Philippe tun.** Tête. R. Types divers. GB. 4 pièces. B.

851. — Tête. R. Types divers. MB. 2 pièces. B.

852. **Trajan Dèce.** Tête. R. Types divers. Médaillons. 4 pièces. B.

853. — Tête. R̟. Types divers. GB. 6 pièces. B.

854. — Tête. R̟. Types divers. MB. 2 pièces. B.

855. — Tête. R. Types divers. PB. 3 pièces. B.

856. **Etruscille.** Tête. R̟. Types divers. GB. 2 pièces. B.

857. **Her. Etruscus.** Tête. R. Types divers. GB. 3 pièces. B.

858. — Tête. R̟. *Pietas Augg.* MB. 1 pièce. B.

859. **Hostilien.** Tête. R. Types divers. GB. 3 pièces. B.

860. **Treb. Galle.** Tête. R̟. Temple. GB. 1 pièce. B.

861. **Volusien.** Tête. R̟. Types divers. GB. 4 pièces. B.

862. **Treb. Galle** ET **Volusien.** D'Antioche. GB. 1 pièce. B.

863. **Emilien.** Tête. R. *Votis decennalibus.* GB. 1 pièce. B.

864. **Valerien.** Tête. *Fides militum.* GB. 1 pièce. B.

865. **Mariniana.** Tête. R̟. Paon. MB. 1 pièce. B.

866. **Gallien.** Tête. R̟. La Paix debout. GB. 1 pièce. B.

867. — Tête. R̟. La Libéralité debout. MB. 1 pièce. B.

868. **Salonine.** Tête. R̟ La Piété assise. GB. 1 pièce. B.

869. **Salonin.** Tête. R̟. *Principi iuventutis.* MB. 2 pièces. B.

870. **Macrien.** Tête. R. Types divers. Billon. 4 pièces.

871. **Quietus**. Tête. ℞. *Soli invicto. Romæ æternæ.* Billon. 2 pièces.

872. **Postume**. Tête. ℞. Navire. GB. 1 pièce.

873. — Tête. ℞. Types divers. Billon saussé. 6 pièces. B.

874. **Victorinus**. Tête. ℞. Types divers. Billon. 12 pièces. B.

875. **Marius**. Tête. ℞. Types divers. Billon. 6 pièces. B.

876. **Claude II**. ℞. *Victoria Aug.* MB. 1 pièce.

877. — Tête. ℞. *Victoria Gothica, Requies opt. mer Menrosiæ æter.* Billon. 6 pièces. B.

878. — Tête. ℞. Types divers. Billon. 5 pièces. B.

879. **Quintillus**. Tête. ℞. Types divers. Billon. B.

880. **Aurélien**. Tête. ℞. Types divers. Billon. 14 pièces. B.

881. — Tête. ℞. *Victoria Aug.* Billon. 4 pièces. B.

882. **Aurélien** et **Sévérine**. Tête. ℞. Tête de Sévérine. GB. 1 pièce. B.

883. **Aurélien** et **Vabalathus**. Tête de Vabalathus. Billon. 4 pièces.

884. **Sévérine**. Tête. ℞. Types divers. Billon. 11 pièces. B.

885. **Tetricus**. Tête. ℞. Types divers. Billon. 5 pièces. B.

886. **Tacite**. Tê e. ℞. Types divers. Billon. 15 pièces. B.

887. **Florien**. Tête. ℞. Types divers. Billon. 3 pièces. B.

888. **Probus**. Tête. ℞. Types divers. Billon. 30 pièces. B.

889. — Tête. ℞. *Siscia Probi Aug. — Virtus Aug.* (Quinaire.) Billon. 2 pièces. B.

890. — Tête. ℞. *Probus Consul III. — Victoria Aug.* (Quinaire.) Billon. 2 pièces. B.

891. **Carus**. Tête. ℞. *Divo Caro Parthico.* Billon. 1 pièce. B.

892. — Tête. ℞. Types divers. Billon. 12 pièces. B.

893. **Numérien**. Tête. ℞. *Moneta Aug.* Petit médaillon. 1 pièce. B.

894. — Tête. ℞. Types divers. Billon. 10 pièces. B.

895. **Carinus**. Tête. Types divers. Billon. 13 pièces. B.

896. **Magnia Urbica**. Tête. ℞. *Venus Victrix.* PB. 2 pièces. B.

897. **Nigrinien**. Tête. ℞. *Consecratio.* PB. 1 pièce. B.

898. **Dioclétien**. Tête. ℞. *Victoria augg.* PB. 1 pièce B.

899. — Tête. ℞. *Utilitas publica.* Quinaire. 1 pièce. B.

900. — Tête. ℞. *Jovi conservatori.* Quinaire. 1 pièce.

901. — Tête. ℞. *Jovi fulgeratori.* PB. 1 pièce B.

901 bis. — Tête. R. Types divers. MB. 8 pièces. B.

902. — Tête. R. Types divers. PB. 17 pièces. B.

903. **Maximien Hercule**. Tête. R/. Types divers. MB. 9 pièces. B.

904. — Tête. R/. Types divers. PB. 12 pièces B.

905. — Tête. R/. *Virtus augg*. PB. 1 pièce B.

906. — Tête. R. *Requies, etc*. PB. 1 pièce B.

907. — Tête. R/. *Memoriæ æternæ*. Quinaire. 2 pièces B.

908. — Tête. R. *Iovi conservatori* Quinaire. 1 pièce.

909. **Carausius**. Tête. R. Types divers. PB. 6 pièces. B.

910. — **Allectus**. Tête. R. Types divers. PB. 4 pièces. B.

911. -- **Constance Chlore**. Tête. R. *Moneta augg*. Médaillon. 1 pièce B.

912. — Tête. R/. *Lætitia augg*. Billon. 1 pièce. B.

913. — Tête. R. *Divo Const. cogn. id. ad fini*. MB. 3 pièces. B.

914. — Tête. R. *Memoria felix. — Memoriæ divi const*. MB. 2 pièces. B.

915. — Tête. R. Types divers. MB. 8 pièces. B.

916. — Tête. R/. Types divers. PB. 5 pièces. B.

917. --- Tête. R. Types divers. Quinaire. 6 pièces. B.

918. — Tête. R/. *Principi juventutis*. Quinaire. 1 pièce.

919. — **Hélène**. Tête. R/. *Securitas Reipublicæ*. PB. 3 pièces. B.

920. — Tête. R/. *Pax publica*. Quinaire. 2 pièces. B.

921. — **Theodora**. Tête. R. *Pietas romana*. Quinaire 3 pièces. B.

922. — **Gal. Maximien**. Tête. R/. *Forti fortunæ*. MB. 1 pièce. B.

923. — Tête. R/. *Iovi et Herculi*. PB. 1 pièce. B.

924. — Tête. R/. Types divers. MB. 4 pièces. B.

925. — Tête. R/. Types divers. PB. 2 pièces B.

926. **Gal. Valeria**. Tête. R/. *Veneri Victrici*. MB. 3 pièces. B.

927. **Maximin Daza**. Tête. *Soli invicto*. MB. 2 pièces. B.

928. — Tête. R/. Types divers. MB. 7 p. B.

929. — Tête. R/. *Genio Aug*. PB. 1 pièce. B.

930. **Maxence**. Tête. R/. Types divers. MB. 8 pièces. B.

931. — Tête. R/. Types divers. PB. 2 pièces. B.

932. — Tête. R/. Types divers. Quinaires. 3 pièces. B.

933. — Tête. R/. *Virtus aug*. (4 personnages.) MB. 1 pièce. TB.

934. — Tête. R/. *Fel proces cons. III aug*. MB. 1 pièce. B.

935. — Tête. R/. *Æternitas aug*. MB. 1 pièce. B.

936. — Tête. R/. *Fides militum*. MB. 1 pièce B.

937. — Tête. R/. Autres revers rares. MB. 5 pièces. B.

938. **Romulus.** Tête. R. Temple. MB. 4 pièces B.

939. — Tête. R/. Temple. PB. 3 pièces B.

940. **Alexandre.** Tête. R/. L'empereur à cheval. MB. 1 pièce.

941. **Licinius.** Tête. R/. Types divers, MB. PB. 14 pièces. B.

942. — R/. Têtes en regard. PB. 1 pièce. B.

943. **Constantin le Grand.** Tête. R. Types divers. MB. 7 pièces. B.

944. — Tête. R/. Types divers. PB. 26 pièces. B.

945. — Tête. R/. Types divers. *Urbs Roma, Constantinopolis, populus romanus.* Quinaire. 10 pièces. B.

946. — Tête. R/. Constantin assis sur une cuirasse. Médaillon. 1 pièce.

947. — Tête. R/. Victoire assise. Médaillon. 1 pièce.

948. — Tête. R/. *Const. nob. cœl. cons. Africæ suæ.* MB. 1 pièce B.

949. — Tête. R/. *Conservatores Carth. suæ.* MB. 1 pièce. B.

950. — Tête. R/. *Virtus perpet. Aug.* MB. 1 pièce B.

951. — Tête. R. *Marti conservatori.* (Tête de Mars.) MB. 1 pièce TB.

952. — Tête. R/. *Soli invicto comiti.* (Tête du Soleil.) MB. 1 pièce. B.

953. — Tête. R/. *Libertas publica.* PB. 2 pièces. B.

954. — Tête. R. *Gloria perpetua.* Quinaire, 1 pièce B.

955. — Tête. R/. *Fundator pacis.* Quinaires. 3 pièces. B.

956. **Fausta.** Tête. La Fécondité debout. G. Médaillon. 1 pièce.

957. — Tête. R/. Étoile dans une couronne. PB. 1 pièce.

958. — Tête. R/. *Spes Reipublicæ.* PB. 4 pièces. B.

959. **Constantin jeune.** Tête. R/. Types divers. PR. 10 pièces: B.

960. **Constance II.** Tête. R/. Types divers. MB. 8 pièces. B.

961. — Tête. R/. Types divers. PB. 9 pièces. B.

962. — Tête. R/. Types divers. MB. 3 pièces. B.

963. — Tête. R/. Types divers. PB. 11 pièces. B.

964. **Crispus.** Tête. R/. Types divers. PB. 8 pièces. B.

965. — Tête. R/. pièce refrappée. PB. 1 pièce.

966. **Delmatius.** Tête. R/. Types divers. PB. 5 pièces. B.

967. **Hannibalien.** Tête. R/. *Securitas publica.* PB. 1 pièce.

968. **Népotien.** Tête. R/. *Gloria Romanorum.* MB. 1 pièce. TB.

969. **Vétranio.** Tête. R/. *Concordia militum.* MB. 2 pièces. B.

970. **Magnence.** Tête. R/. Types divers. MB. 9 pièces. B.

971. **Décentius**. Tète. R̶. Types divers. MB. 4 pièces. B.

972. **Const. Gallus**. Tète. R̶. Types divers. PB. 3 pièces. B.

973. **Julien II**. Tète. R̶. Types divers. MB. 3 pièces. B.

974. — Tète. R̶. Types divers. PB. 4 pièces. B.

975. **Hélène**. Tète. R̶. Types divers. PB. 6 pièces.

976. **Jovien**. Tète. R̶. *Victoria Romanorum*. MB. 1 pièce.

977. — Tète. R̶. Types divers. PB. 4 pièces. B.

978. **Valentinien**. Tète. R̶. Types divers. MB. 2 pièces. b.

979. — Tète. R̶. Types divers. PB. 10 pièces. B.

980. **Valens**. Tète. R̶. Types divers. PB. 4 pièces. B.

981. — Tète. R̶. Légions. PB. 4 pièces. B.

982. — Tète. R̶. *Victoria Aug*. (Inédit.) Quinaire. 1 pièce. B.

983. **Procope**. Tète. R̶. *Reparatio fel temporum*. PB. 2 pièces. B.

984. **Gratien**. Tète. R̶. *Æternæ Reipublicæ*. MB. 1 pièce. B.

985. — Tète. R̶. Types divers. PB. 6 pièces. B.

986. **Théodose**. Tète. R̶. Types divers. MB. 2 pièces. B.

987. — Tète. R̶. Types divers. PB. 7 pièces. B.

988. **Flacilla**. Tète. R̶. *Salus Reipublicæ*. MB. 2 pièces. B.

989. — Tète. R̶. Victoire assise. PB. 3 pièces.

990. **Magnus Maximus**. Tète. R̶. Porte de camp. PB. 6 pièces. B.

991. **Fl. Victor**. Tète. R̶. Porte de camp. PB. 2 pièces.

992. **Honorius**. Tète. R̶. *Gloria Romanorum*. MB. 1 pièce. B.

993. **Arcadius**. Tète. R̶. Types divers. PB. 2 pièces. B.

994. **Galla Placidia**. Tète. R̶. Croix. PB. 2 pièces.

995. **Jean Tyran**. Tète. R̶. *Salus Reipublicæ*. PB. 4 pièces.

996. **Pl. Valentinien**. Tète. R̶. Femme debout (inédit). G. Médaillon. 1 pièce.

997. — Tète. R̶. Porte de camp. R. M. PB. 1 pièce. B.

998. **Majorien**. Tète. R̶. *Victoria Rei*. PB. 1 pièce. B.

999. — Tète. R̶. *Victoria Rei*. PB. 2 pièces.

1000. **Anthemius**. Tète. R̶. Types divers. PB. 3 pièces.

1001. — Pièces barbares. PB. 10 pièces. B.

MONNAIES DE PETIT BRONZE INCERTAINES

1002. Tête d'enfant. R. *S. C.* Dans une couronne. 6 pièce. B.
1003. Tête barbue et casquée. R. *S. C.* Cuirasse. 4 pièces. B.
1004. Tête barbue et casquée. R. *S. C.* Trophée. 2 pièces. B.
1005. Tête barbue et casquée. R. *S. C.* Massue. 1 pièce. B.
1006. Tête barbue et laurée. R. *S. C.* Aigle tenant une couronne dans son bec. 1 pièce. B.
1007. Tête barbue et laurée. R. *S. C.* Louve allaitant deux enfants. 1 pièce.
1008. Tête de Jupiter. R. *S. C.* Aigle. 2 pièces.
1009. Tête jeune casquée. R. *S. C.* Chouette. 4 pièces. B.
4010. Tête jeune casquée. R. *S. C.* Branche d'olivier. 1 pièce.
1011. Tête de femme. R. *S. C.* Colombe. 4 pièces. B.
1012. Tête de femme. R. *S. C.* Femme debout. 1 pièce.
1013. Pétase. R. *S. C.* Caducée. 6 pièces. B.
1014. Griffon et roue. R. *S. C.* Trépied. 4 pièces. B.

TESSÈRES

1015. **Auguste** ou **Tibère**. Tête. R. ɪ, ɪɪɪ, ᴠ, ᴠɪɪ, x, xɪɪɪ. Dans le champ. 6 pièces.
1016. — Diota. R. Modius. 3 pièces. B.
1017. — Barque. R. *D.* 1 pièce. B.
1018. — Victoire debout. R. Feuille de lierre. 1 pièce.
1019. — Deux fers à cheval. R. Branche de laurier. 10—10. 1 pièce.

IMPÉRIALES D'ÉGYPTE

POTIN ET BRONZE

1020. **Auguste.** ℞. Tête de Tibère. 2 pièces potin. B.

1021. — R. Types divers. 3 pièces. Æ⁴.

1022. — R. Types divers. 8 pièces. Æ². B.

1023. **Livie.** ℞. Types divers. 2 pièces. Æ⁶.

1024. — R. Types divers. 3 pièces. Æ⁴. B.

1025. **Tibère.** R. Types divers. 3 pièces. Æ⁴. B.

1026. — ℞. Types divers. 5 pièces. Æ². B.

1027. **Claude.** R. Types divers. 6 pièces. Æ⁶. B.

1028. — R. Types divers. 5 pièces. Æ⁴. B.

1029. — R. Types divers. 4 pièces. Æ².

*1030. — ℞. Type de Sérapis. (Quin.) 1 pièce potin.

1031. — ℞. Type d'Antonia. 2 potins. B.

*1032. — R. Type d'Agrippine. (Quin.) 1 pièce potin.

1033. — R. Messaline debout. 3 pièces potin. B.

1034. **Agrippine J.** ℞. Corbeille entre deux cand. 1 pièce. Æ².

1035. **Néron.** ℞. Jupiter assis. 1 pièce. Æ¹⁰.

1036. — R. Types divers. 15 pièces potin. B.

1037. — ℞. Tête d'Auguste. 2 pièces potin. B.

1038. — ℞. Tête de Tibère. 4 pièces potin. B.

1039. — R. Tête d'Octavie. 1 pièce potin. B.

1040. — R. Tête de Poppée. 6 pièces potin. B.

1041. **Galba.** R. Types divers. 4 pièces potin.

1042. — ℞. Types divers. 4 pièces. Æ⁴.

1043. **Othon.** ℞. Types divers. 2 pièces potins.

1044. — ℞. Buste d'Alexandrie. 1 pièce. Æ⁶. B.

1045. — R. Buste d'Alexandrie. 1 pièce. Æ⁶.

1046. — R. Buste d'Alexandrie. 1 pièce. Æ⁴.

1047. **Vitellius.** ℞. Buste d'Alexandrie. 1 pièce. Æ⁶.

1048. **Vespasien.** ℞. Types divers. 6 pièces potin. B.

1049. — R. Buste de la Victoire. 1 pièce. Æ².

1050. — R. Tête de Titus. 2 pièces. Æ⁵.
1051. — R̂. Types divers. 8 pièces. Æ⁶. B.
1052. — R. Types divers. 4 pièces. Æ⁵. B.
1053. **Titus.** R̂. Types divers. 2 pièces potin.
1054. — R. Buste du Nil. 1 pièce. Æ⁷. B.
1055. **Domitien.** R̂. Types divers. 3 pièces. Æ¹⁰.
1056. — R. Types divers. 8 pièces. Æ⁶. B.
1057. — R̂. Types divers. 4 pièces. Æ⁵. B.
1058. **Domitia.** R̂. Tête de Domitien. 1 pièce. Æ⁵.
1059. **Nerva.** R̂. La Justice debout. 1 pièce potin.
1060. **Trajan.** R̂. Types divers. 6 pièces potin. B.
1061. — R. Types divers. 10 pièces. Æ¹⁰.
1062. — R̂. Types divers. 5 pièces. Æ⁷.
1063. — R̂. Types divers. 4 pièces. Æ⁶.
1064. — R̂. Types divers. 3 pièces. Æ⁵.
1065. — R̂. Types divers. 4 pièces. Æ³.
1066. **Hadrien.** R̂. Types divers. 30 pièces potin. B.
1067. — R̂. Types divers. 20 pièces. Æ¹⁰. B.
1068. — R̂. Types divers. 15 pièces. Æ⁶. B.
1069. — R̂. Types divers. 10 pièces. Æ³. B.
1070. — R̂. Types divers. 5 pièces. Æ².
1071. **Sabine.** R̂. Tête d'Hadrien. 1 potin.
1072. — R. Victoire à g. 1 pièce. Æ⁷.
1073. **Antinoüs.** R̂. Cavalier. 1 pièce. Æ⁹.
1074. — R̂. Cavalier. 1 pièce. Æ⁶. B.
1075. **Ælius César.** R. L'abondance debout. 1 pièce potin. B.
1076. **Antonin.** R. Types divers. 30 pièces potin. B.
1077. — R̂. Types divers. 19 pièces. Æ¹⁰. B.
1078. — R̂. L'Abondance. 1 pièce. Æ⁷.
1079. — R. Types divers. 4 pièces. Æ⁶. B.
1080. — R̂. Griffon. 1 pièce. Æ⁵. B.
1081. **M.-Aurèle.** R̂. Types divers. 5 pièces potin. B.
1082. — R̂. Types divers. 3 pièces. Æ⁹.
1083. — R̂. Aigle. 1 pièce. Æ⁵.
1084. — R̂. Corne d'Abondance. 1 pièce. Æ⁵.
1085. **Faustine.** R̂. L'Équité assise. 1 pièce potin.
1086. — R. Types divers. 4 pièces. Æ⁷.

1087. **Commode.** ℞. Types divers. 16 pièces potin. B.

1088. **Héliogabale.** ℞. Types divers. 8 pièces potin. B.

1089. **Annia Faustina.** ℞. Type d'Héliogabale. 1 pièce potin. B.

1090. **Julia Paula.** ℞. Types divers. 3 pièces potin. B.

1091. **Aquillia Severa.** ℞. Types divers. 2 pièces potin. B.

1092. **J. Soemias.** ℞. La Providence debout. 1 pièce potin. B.

1093. **Alex. Sévère.** ℞. Types divers. 20 pièces potin. B.

1094. — ℞. Figure assise. 1 pièce. Æ⁹. B.

1095. — ℞. Griffon. 1 pièce. Æ³. B.

1096. **J. Mamée.** ℞. Types divers. 8 pièces potin. B.

1097. **Maximin Iᵉʳ.** ℞. Types divers. 18 pièces potin. B.

1098. **Gordien Afr.** ℞. Types divers. 3 pièces potin. B.

1099. **Pupien.** ℞. Types divers. 2 pièces potin. B.

1100. **Gordien Pieux.** ℞. Types divers. 20 pièces potin. B.

1101. **Sab. Tranquilline.** ℞. Types divers. 4 pièces potin. B.

1102. **Philippe Sen.** ℞. Types divers. 2 pièces potin. B.

1103. — ℞. L'Abondance debout. 1 pièce. Æ³. T. B.

1104. **Otacilie.** ℞. Types divers. 5 pièces potin. B.

1105. **Philippe jeune.** ℞. Types divers. 12 pièces potin. B.

1106. **Trajan Dèce.** ℞. Types divers. 6 pièces potin. B.

1107. **Her. Etruscilla.** ℞. L'Abondance debout. 1 pièce potin. B.

1108. **Treb. Galle.** ℞. Sérapis debout. 1 pièce potin. B.

1109. **Volusien.** ℞. L'Abondance debout. 1 pièce potin. B.

1110. **Valérien.** ℞. Types divers. 16 pièces potin. B.

1111. **Gallien.** ℞. Types divers. 24 pièces potin. B.

1112. **Salonine.** ℞. Types divers. 15 pièces potin. B.

1113. **Salonine.** ℞. Types divers. 8 pièces potin. B.

1114. **Quietus.** ℞. Aigle. 1 pièce potin.

1115. **Macrien.** ℞. Aigle. 4 pièces potin. B.

1116. **Claude II.** ℞. Types divers. 30 pièces potin. B.

1117. **Aurélien.** ℞. Types divers. 10 pièces potin. B.

1118. **Sévérine.** ℞. Types divers. 4 pièces potin. B.

1119. **Vabalathus.** ℞. Tête d'Aurélien. 7 pièces potin. B.

1120. **Quintillus.** ℞. Types divers. 2 piècepotin. B.

1121. **Tacite.** ℞. Types divers. 5 pièces potin. B.

1122. **Probus.** R. Types divers. 24 pièces potin. B.
1123. **Carus.** R. Types divers. 4 pièces potin. B.
1124. **Numérien.** Ŗ. Types divers. 5 pièces potin. B.
1125. **Carinus.** Ŗ. Types divers. 12 pièces potin. B.
1126. **Dioclétien.** R. Types divers. 20 pièces potin. B.
1127. **Maximien.** Ŗ. Types divers. 24 pièces potin. B.
1128. **Const.-Chlore.** Ŗ. La Justice. 1 pièce potin. B.
1129. **Gal. Maximien.** R. Victoire. etc. 2 pièces potin. B.

MONNAIES ITALIENNES DU MOYEN-AGE

OR, ARGENT ET BRONZE

ANCONE

1130. **Clément VII**. Arme. Ŗ. s. cvriacvs. Demi-buste du
saint. Demi-giulo. AR. Belle.
1131. **Siége vacant.** Arme. Ŗ. s. petrvs ancona. Le saint debout. Giulio. Belle.
1132. **Marcel II**. Arme. Ŗ. Même revers.
1133. **Paul III**. Arme. Ŗ. s. paulvs ancona. Le saint debout.
Belle.
1134. **Grégoire XIII**. Tête. Ŗ. noli me tangere anco. Le Christ
et la Madeleine. Teston. Belle.

ASCOLI

1135. **Martin V**. A. R. s. emio d. escvlo. Demi-gros. Belle.
1136. **Eugène IV**. A. Ŗ. Même légende. Belle.

AVIGNON

1137. **Martin V.** Arme et au-dessus une tiare. ℞. s. PETRVS ET
PAVLVS. Deux clefs en croix. Gravée. Sequin. AV. Très-
belle.

1138. — Le Pape assis de face. ℞. Même revers, 2 pièces. Giulio.
AR. Belle.

1139. **Sixte V.** S avec le trirègne. ℞. KA. DE BOVRBON. CARD. LEGA.
AVEN. Croix. Belle.

1140. **Urbain VIII.** Arme. ℞. s. PETRVS AVENIO. Buste de saint
Pierre.

1141. **Innocent XII.** Tête. ℞. Arme. Gros.

BÉNÉVENT

1142. **Arigise II.** Buste de face. ℞. A Croix VITIRV PRINCIPI
CONOB. Trémisse. AV. Belle.

1143. **Grimuald IV.** Buste de face. ℞. G. R. Croix. Même légende. AV. Belle.

1144. — Avec Charlemagne. ℞. G. R. DOMS. CAR. RX. VIC. Croix.
AV. Belle.

1145. **Sicon.** Buste de face. ℞. s. C. Croix. S. MICHAEL ARCHANGEL.
AV. Belle.

1146. **Sicard.** Monogramme. ℞. s. MICHAEL ARCHANGEL. Croix.
Denier. AR. Très-belle.

1147. **Louis II et Angilbergue.** LVDOVICVS INP. Croix. ℞
ANGILRERGA NP. Étoile (inédite). Fleur de coin.

1148. — LVDOVICVS INP. A. V. G. s. En forme de croix. ℞. ANGIL-
BERGA INP. AVG-STA, écrit en deux lignes. Fleur de coin.

BOLOGNE

1149. **Bentivoglio II.** Tête. ℞. MAXIMILIANI. IMP. MVSV. Arme.
Double sequin. AV. Très-belle.

1150. **Jules II.** Arme. ℞. DOCET. BONON. Saint Pierre debout
entre deux armes. Sequin. Très-belle.

1151. — Tête. R. s. **r. bononia. docet**. Saint Petronius assis. Giulio. AR. Très-belle.

1152. **Léon X**. Arme. ℞. **docet. bonon**. Saint Pierre debout entre deux armes. Sequin. AV. Très-belle.

1153. — Tête. ℞. **bononia mater stvdiorvm**. Lion. Giulio. AR. Très-belle.

1154. **Clément VII**. Arme. ℞. **docet bononia**. Croix et deux armes. Sequin. AV. Très-belle.

1155. — Buste de saint Petronius. ℞. **excollato-aere. de. rebvs-sacris et prophanis. in egenorvm. svbsidivm-m. d. xx. ix-bononia**. Monnaie frappée à l'occasion d'une famine de Bologne. Pièce très-rare. Demi-écu. AR. Très-belle.

1156. **Sixte V**. Arme. ℞. **docet bononia**. Croix entre deux armes. Double sequin. AV. Très-belle.

1157. — Arme. R. Même revers. Sequin. Très-belle.

1158. — Arme. ℞. **s. petronivs de bononia**. Le saint debout. Giulio. AR. Très-belle.

1169. **Jules III**. Tête. R. **bononia mater stvdiorvm**. Lion. Giulo. Belle.

1160. **Clément X**. Arme. R. **docet bononia**; 1673. Lion. 2 pièces. Double Giulo. Belle.

1161. **Clément XII**. Arme. ℞. **docet bononia**. 1738. Lion. Sequin. AV. Très-belle.

1162. — Arme. R. **docet bononia**. 2 pièces variées. Gros. AR. **Belle**.

1163. **Clément XIV**. Arme. ℞. **docet bononia**. 1771. Lion. Sequin. AV. Très-belle.

1164. **Pie VI**. Arme. ℞. s. **petron. bon. prot. an**. 1787. **zecch. 10**. Saint Petronius assis dans les nues. Pièce de dix sequins. AV. Très-belle.

1165. — Arme. ℞. **bononiae protect**. Même type. Sequin. Très-belle.

1166. — Arme. ℞. s. **petronivs bon. prot**. Le saint debout. Écu. AR. Belle.

1167. — Arme. R. s. **petronivs bonon. prot**. Le saint assis dans les nues. Belle.

1168. — Fleur de lys. R⁄. BONON. DOCET. Arme. Bajocco. Æ. Belle.

1169. **République.** Arme. R⁄. PRAESIDIVM ET DECVS. La Vierge au-dessus de la ville. Demi-écu. AR. Très-belle.

BRESCIA

1170. **Frédéric II.** FREDERICVS P. P. I. R⁄. BRISIA. Croix dans un cercle. Demi-gros. AR. Très-belle.

CAMERINO

1171. **Clément X.** Tête. R⁄. S. VENANTIVS M. CAMERS. Le saint debout. Giulio. Trouée.

CHIÉTI

1172. **Charles VIII.** Arme. R⁄. CIVITAS TEATINA. Croix. Cavallo. Æ.

FANO

1173. **Grégoire XIII.** Arme. R⁄. PRVDENTIS SOCIA. FANVM. La Fortune. Giulio. AR.

1174. **Sixte V.** Arme. R⁄. FANVM FORTVNAE. Le saint debout. Quattrino. Æ.

FERRARE

1175. **Hercule Iᵉʳ.** Buste. R. DEVS FORTITVDO MEA. Saint George à cheval. Grossone AR. TB.

1176. **Siège vacant.** R. Deux pièces variées. Giulio et demi-giulio. AR.

1177. **Alexandre VIII, Paul V et Clément XI.** 3 pièces diverses.

1178. **Clément XI.** Tête. R. S. GEORGIVS. PROT. FERRARIAE. Le saint à Cheval. Demi-écu. TB.

FLORENCE

1179. **République**. Fleur de lys. R̟. s. iohannes. b. Le saint debout. 3 pièces. Sequins. AV. TB.

1180. **Alexandre Médicis**. Tête. R̟. s. damianus. s. cosimus. Les saints debout. Coin de B. Cellini. Teston. AR.

1181. **Côme Ier**. Tête. R̟. s. iohannes baptista 1571. Le saint debout. Écu. TB.

1182. **François Ier**. Tête. R. Même revers 1584. Écu. TB.

1183. — Tête. R̟. s. ioannes-baptista 1583. Le saint assis. Teston. B.

1184. **Ferdinand Ier**. Tête. R. filivs mevs dilectvs. Baptême de Saint Jean. Écu. B.

1185. — Buste, avec habit de cardinal. a. dno. factvm est istud. Croix et chapeau de cardinal. Écu. TB.

1186. **Côme II**. Buste du prince revêtu de la cuirasse. R. pisa invetvstae. majestatis. memo. Arme. Écu. AR. TB.

1187. **Jean Gaston**. Fleur de lys. R̟. s. ioannes-baptista. Le saint assis. 1751. Sequin. AV. TB.

1188. — Tête. R̟. fides. et patet et favet. Port de Livourne. Écu. AR. B.

1189. **Côme III**. Fleur de lys. R. ioannes-baptista. Le saint assis. Sequin. AV. TB.

1190. — Tête. R. filivs mevs dilectvs. Baptême de Saint Jean. Écu. AR. TB.

1191. — Tête. R̟. fides. Port de Livourne. Teston. B.

1192. **Charles Louis et Marie-Louise**. Têtes accolées. R. domine spes mea a. ivventvte mea. Arme. Écu et demi. AR. TB.

1193. — Têtes en regard. R. Même revers. Écu. B.

1194. — **Gouvernement provisoire**. Fleur de lys. R. governo della toscana. Lion. Florin. TB.

GÈNES

1195. République ligurienne. Faisceaux liés. etc., ℞. REPV-
BLICA LIGVRAE AN. VII. L. 48. Femme assise. Pièce de
48 francs. AV. B.

MACERATA

1196. **Pie IV.** Arme. ℞. s. PETRVS. APOSTOLVS. MAGER. Le saint
assis. Feston. AR.

1197. **Paul III.** Arme. ℞. s. PAVLVS MAGER. Saint Paul debout.
Giulio.

MALTE

1198. **Jean-Paul Lascaris.** Arme. ℞. s. IOANN. BAP. ORA. PRO
NOBIS. Tête de Saint Jean Baptiste. Feston AR. B.

1199. **Ferdinand Hompesch.** Tête. ℞. HOSPITAL. ET. S. SEP.
HIER. Arme Écu. B.

1200. **F. Emmanuel de Rohan.** Tête. ℞. HOSPITA ET SEP.
HIERVS. Arme. Écu. AR. TB.

1201. — Tête. ℞. Arme. Demi-écu. B.

1202. — Tête. ℞. 2 pièces variées. B.

1203. — Tête. ℞. 1 pièce. .E.

MANTOUE

1203 bis. — **Ferdinand.** Tête. ℞. ET MONTIS FERRATI IV. Arme.
Pièce de 4 sequins. AV. TB.

1204. **François IV.** Tête. PROTECTOR FACTVS EST MIHI. Saint
Anselme à genoux embrassant la croix. Très-rare. (Règne
quatre mois.) Écu. AR. B.

1205. **Vincent 1er.** Tête. ℞. PROTECTOR NOSTER ASPICE CASALE.
Saint George à cheval. Écu. B.

MARCHE D'ANCONE

1206. **Innocent VIII**. Arme. s. PETRVS. MARCHIA. Saint Pierre dans la barque. Gros. TB.

1207. **Jules II**. Arme. R. s. PETRVS. s. PAVLVS MARCH. Les deux saints debout. Giulio. B.

1208. **Léon X**. Arme. R. Même revers. B.

1209. — Arme. R. VICIT. LEO. DE. TRIBV. IVDA. MARC. Lion. B.

MARENGO

1210. **République**. Tête casquée. R. 20 FRANCS. L'AN X. — EGALITÉ. LIBERTE. ERIDANIA. Maringo. AV. TB.

MILAN

1211. **République**. Croix. R. SCS. AMBR. Le saint assis. 2 pièces. Gros. TB.

1212. **Azzo**. Croix. R. s. AMBROSI. Le Saint assis. 2 pièces. Gros et demi-gros. AR.

1213. **Bernabo**. 2 pièces variées AR. B.

1214. **Galéas**, Comte des Vertus. 2 pièces variées. Gros et demi-gros. B.

1215. **Deuxième République**. Buste du saint. R. M. MEDIO-LANVS. Écu. AV. TB.

1216. **Galeas Marie Sforza**. Tête. P. P. ANGLE. OZ. CO. AC. IANUE. D. Arme. Sequin. B.

1217. — Tête. R. Même revers. Teston. AR. TB.

1218. — Deux pièces variées. Lira. TB.

1219. **Louis le Maure**. Tête. R. P. P. ANGLE. OZCO. AC. IANVE. D. IC. Arme. Teston. B.

1220. **Jean Galeas** et **Louis le Maure**. Tête de Jean Galéas. R. LVDOVICVS. PATRVS. GVBNANS. Tête de Louis le Maure. TB.

1221. **Louis XII**. 7 pièces diverses. TB.

1222. **Napoléon I**er. Tête. R. REGNO D'ITALIA LIRA. Arme. Lira. TB.

MONT-FERRAT

1223. **Guillaume.** Tête. ℞. SACRI. RO. IMP. PRINC. VICA: PP. Arme. Teston. AR. TB.

NAPLES

1224. **Charles Ier d'Anjou.** K. ℞. Croix. Royal AV.

1225. — K. ℞. SICIL. Arme. Gravée. Demi-Royal. AV. TB.

1226. — KAROL : DEI : GRA. Tête couronnée. Derrière, fleur de lys. Gravée. Augustale. AV. Fleur de coin.

1227. — Arme. ℞. AVE. GRACIA PLENA. DOMINVS TECVM. L'Ave Maria. Salut. AV. TB.

1228. — Pièce pareille à la précédente. Salut AV. TB.

1229. — Même type. ℞. Même type. 2 pièces. Carlin. AR. TB.

1230. — Même type. ℞. Même type. Demi-Carlin. AR. TB.

1231. — 3 pièces en cuivre. Quattrini. Æ.

1232. **Charles II d'Anjou.** Arme. ℞. AVE. GRACIA. PLENA. DNS. TECVM. Salut. AV. TB.

1233. — Même type. ℞. Même revers. Carlin. AR. TB.

1234. — Le roi assis de face. ℞. HONOR. REGIS. IVDICIV DILIGIT. Croix. Carlin. AR. TB.

1235. — Quatre pièces diverses en billon. Quattrini. Billon B.

1236. **Robert d'Anjou.** Le roi assis de face. ℞. Même revers. 2 pièces. Carlin. AR. TB.

1237. — Trois pièces diverses en billon. Quattricini. Billon.

1238. **Louis d'Anjou.** Arme. ℞. S. IOHANNES. B. Le saint debout. Sequin. AV. B.

1939. — Couronne. ℞. Arme. AR.

1240. — Petite pièce en cuivre. Quattrino. Æ.

1241. **Jeanne d'Anjou.** Arme. ℞. S. IOHANNES. B. Le saint debout. Sequin. AV. B.

1241. **Réne d'Anjou.** RENATVS. DEI. G. RE. IERL SICIL. Le roi assis de face, et dans le fond un aigle dans la ville d'Aquila. HONOR REGIS IVDICV DILIII. Croix. Carlin. AR. B.

1243. **Alphonse Ier**. Armes. ℞. ᴅɴs : ᴍ : ᴀᴅɪᴠᴛ : ᴇᴛ : ᴇɢᴏ : ᴅᴇꜱᴘɪᴄɪ : ɪɴɪᴍɪᴄᴏꜱ : ᴍ : Cavalier armé à d. Ducatone. AV. TB.

1244. — Buste du roi de face. ℞. ᴄɪᴄɪʟɪᴇ : ᴄɪᴛʀᴀ ᴇᴛ ᴠʟᴛʀᴀ. Arme. Carlin. AR. TB.

1245. — Le roi de face. ℞. ᴀʟᴘʜᴏɴꜱᴠꜱ : ᴅ : ɢ : ʀ : ᴀʀᴀ : ꜱ : ᴇ : ᴠ ; Arme. Carlin AR. TB.

1246. — Petite pièce en cuivre. Quattrino. Æ.

1247. **Ferdinand et Elisabeth**. ℞. Arme. Double ducat. AV. TB.

1248. **Ferdinand d'Aragon**. Portrait. ℞. ꜰᴇʀᴅɪɴᴀɴᴅᴠꜱ : ᴅ : ɢ ; ʀ : ꜱ : ɪ : Arme. Ducat. AV. TB.

1249. — 5 pièces diverses. ℞. 5 pièces. Carlins. AR. TB.

1250. — 2 pièces. Demi-Carlin et Cavallo.

1251. **Frédéric**. 2 pièces. Follari. Æ. B.

1252. **Alphonse II**. Couronnement du roi. ℞. ᴀʟᴘʜᴏɴꜱᴠꜱ ɪɪ : ᴅ : ɢ : ʀ : ꜱɪᴄɪ : ɪꜰ : ᴠ. Saint George tuant le dragon. Carlin. AR. TB.

1253. **Louis XII**. Le roi assis de face. Gros. AR.

1254. — 2 pièces sur bronze. Follari. Æ.

1255. **Charles V**. Tête. ᴍᴀɢɴᴀ. ᴏᴘᴇʀᴀ ᴅᴏᴍɪ. Femme debout avec corne d'abondance brûlant des livres. Double-ducat. AV. TB.

1256. — ℞. 5 pièces diverses. Ducats. AV. TB.

1257. **Philippe II**. ℞. 4 pièces variées. AR. B.

1258. **Philippe III**. Tête. ℞. ɪɴ. ʜᴏᴄ. ꜱɪɢɴᴏ. ᴠɪɴᴄᴇꜱ. Croix. 2 pièces. Carlins. B.

1259. **Philippe IV**. Tête. ℞. 2 pièces variées. B.

1260. **Charles III**. Tête. ℞. Figure assise. Demi-carlin. AR. TB.

1261. **Henri de Lorraine**. ℞. 3 pièces variées. Æ. B.

1262. **Charles VI**. Tête. ℞. ʜɪꜱᴘ. ᴠᴛʀɪ. ᴇᴛ. ꜱɪᴄɪ. ʀᴇx. Arme. Tari. AR. B.

1263. **Charles II**. Tête. ℞. ᴍᴀɪᴇꜱᴛᴀᴛᴇ ꜱᴇᴄᴠʀᴠꜱ. Lion. Carlin.

1264. — Quatre pièces différentes. Æ. B.

1265. **Ferdinand IV**. Tête. ℞. ɪɴ. ʜᴏᴄ. ꜱɪɢɴᴏ ᴠɪɴᴄᴇꜱ. Croix. Carlin. AR.

1266. **Murat**. Tête. ℞. REGNO DELLE DVE SICILIE 2 LIRE. Couronne. Deux livres. AR. TB.

1267. — Même type. ℞. REGNO DELLE DVE SICILIE 2 LIRE. Couronne. Livre. TB.

1268. — Même type. ℞. REGNO DELLE DVE SICILIE 2 LIRE. Couronne. Demi-livre. TB.

PALMA NOVA

1269. **Napoléon I**er. MONTA D'ASSED PALMA. ℞. NAPOLEON IMPE E RE. CENT 50 c. Monnaie obsidionale. Billon. FB.

PLAISANCE

1270. **Paul III**. Arme. ℞. NON ALIVNDE SALVS PLAC. Croix. Séquin. AV. B.

1271. **Alexandre Farnèse**. Tête. ℞. PLACENTIA FLORET. Louve. Pièce de 4 sequins. AV. TB.

1272. — Tête. ℞. PLAC. ROMAN. COLON. Plaisance debout. Écu. AR. B.

1273. **Edouard Farnèse**. Tête. ℞. PLACENTIA FLORET. Louve. Pièce de 4 sequins. AV. TB.

1274. Tête. ℞. S : ANTON⁵ : MART : PROT : PLAC : Le saint à cheval. écu. AR. B.

1275. — Tête. ℞. S. VITALIS. PARME. PROTECTOR. Buste avec cuirasse. Écu. B.

PAVIE

1276. **Lothaire**. HLOTHARIVS. IMP. AVG. Croix. ℞. PAPIA. Denier. B.

ROME

1277. **Etienne V**. SCS. PETRVS SEPN. ℞. CAROLVS MP. ROMA. Denier. AR. TB.

1278. **Etienne VI**. SCS. PETRVS STEPHANVS en monogramme. ℞. ARNOLFVS MP. ROMA en monogramme. TB.

1279. **Léon IV**. SCS. PETRVS LO. PA. ℞. HLOTARIVS IMP. B.

1280. **Jean VIII**. SCS. PETRVS. Buste de saint Pierre. ฿. KARO-
LVS MP. IOHANS en monogramme. TB.

1281. **Sénat de Rome**. (Capizucchi). Le sénateur présente un
étendart à saint Pierre. ฿. ROMA CAPVT MVNDI. S. P. Q. R.
Figure du Christ. Sequin. AV. TB.

1282. — (Orsini.) Même type. ℞. Même revers. Sequin. TB.

1283. — Même type. ℞. Même revers. TB.

1284. — 4 pièces diverses (Brancaleone, etc.) Denier. AR. TB.

1285. **Jean XXII**. Fleur de lys. ℞. S. IOHANNES. D. Le saint
debout. Sequin. AV. TB.

1286. **Urbain V**. Buste du Pape. ℞. S. PETER VRBI. Demi-gros.
AR. B.

1287. **Grégoire XI**. Buste du Pape. ℞. IN ROMA VRBI. B.

1288. **Eugène IV**. 3 pièces différentes. Giulio. B.

1289. **Nicolas V**. Arme. ℞. S. PETRVS ALMA ROMA. Saint pierre
debout. Sequin. AV. B.

1290. **Calixte III**. Arme. ℞. Même revers. TB.

1291. — 2 pièces différentes. Giulio. AR.

1292. **Pie II**. Arme. ℞. S. S. PETRVS ALMA ROMA. Le saint debout.
Sequin. AV. TB.

1293. — Arme. S. PETRVS S. PAVLVS ALMA ROMA. Les saints debout.
2 pièces. Giulio. AR. TB.

1294. Buste du Pape. ℞. S. PAVLVS. S. PETRVS VRBI. Demi-gros.
TB.

1295. **Paul II**. Arme. ℞. S. PAVLVS S. PETRVS ROMA. Les saints
debout. Sequin. AV. TB.

1296. — Arme. ℞. Même revers. Demi-giulio. AR. TB.

1297. **Sixte IV**. Arme. ℞. S. PETRVS ALMA ROMA. Saint Pierre
dans la barque. Sequin. AV. TB.

1298. — Tête. 2 pièces variées. Giulio. AR.

1299. **Innocent VIII**. Arme. ℞. S. PETRVS S. PAVLVS. Les saints
debout.

1300. **Alexandre VI**. Arme. ℞. SANCTVS PETRVS ALMA ROMA.
Saint Pierre dans la barque. Double sequin. AV. TB.

1301. — Arme. ℞. ALE-XANDER-VI-PONT-MAX. Ecrit en quatre lignes.
Sequin. TB.

1302. — Arme. ℞. REGNI CELORVM ACCIPE-CLAVES. Le Christ donnant les clefs à saint Pierre. Double giulio. AR. B.

1303. — Arme. R. S. PAVLVS S. PETRVS. Les saints debout. Giulio. B.

1304. **Jules II**. Arme. ℞. S. PETRVS D. BONONIA. Saint Pierre debout. Sequin AV. B.

1305. Arme. 4 pièces différentes. Giulio et demi-giulio. AR.

1306. **Léon X**. Arme. R. NAVIS AETERNAE SALVTIS. Saint Pierre dans la barque. Double sequin. AV. TB.

1307. — Basilique. ℞. PETRE ECCE TEMPLVM TVVM. Le Pape présentant un temple à saint Pierre. Giulio. AR. B.

1308. — Arme. ℞. ALMA ROMA. Saint Pierre et saint Paul debout. B. Giulio AR.

1309. — Arme. ℞. S. PETRVS. Saint Pierre debout. Demi-gros.

1310. **Adrien VI**. Arme. ℞. S. PETRVS S. PAVLVS ROMA. Les saints debout. Giulio. TB.

1311. **Clément VII**. Buste du Pape. ℞. QVARE DVBITASTI. Le Christ soutenant saint Pierre marchant sur les flots. (Coin de Cellini.) Giulio. TB.

1312. — Arme. ℞. S. PA. S. PE. ALMA. ROMA. Tête affrontées de saint Pierre et saint Paul.

1313. — Arme. 4 pièces diverses. Giulio, demi-giulio, etc. B.

1314. **Paul III**. Arme. ℞. S. PAVLVS VAS. ELECTIONIS. Saint Paul debout. AV. TB.

1315. — 2 pièces diverses. Giulio et demi-giulio AR. B.

1316. **Jules III**. Arme. 5 pièces diverses. Giuli et demi-giuli. AR. B.

1317. **Paul IV**. Arme. 3 pièces diverses. Teston, giulio, etc. AR. B.

1318. **Pie IV**. Arme. 3 pièces différentes. Testons et giulio. AR. B.

1319. **Siége vacant**, 1559. Arme. 2 pièces. Giulio.

1320. **Pie V**. Arme. ℞. ABSIT NISI IN TE GLORIARI. Le Pape à genoux. Teston.

1321. **Grégoire XIII**. 2 pièces variées. Testons.

1322. **Sixte V**. 3 pièces diverses. Testons.

1323. **Clément VIII.** Buste du Pape. R. ANNO DNI. 1598. Saint Pierre et saint Paul debout. Teston. AR.

1324. — Différents types. 3 testons, 1 giulio, 1/2 giulio. 5 pièces. B.

1325. **Urbain VIII.** Buste du Pape. R̸. SVB. TVVN PRAESIDIUM CON. La Vierge. Écu. B.

1326. — Types différents. 3 testons, 1 giulio. 4 pièces. B.

1327. **Innocent X.** Arme. R. IVSTI INTRABVNT PER EAM. Porte. Teston. B.

1328. **Alexandre VII.** Arme. R̸. DISPERSIT DEDIT PAVPERIBVS IE. M. ISS. Saint Thomas de Villeneuve et un pauvre. Écu. B.

1329 — Types divers. Double giulio, giulio, gros et 1/2 gros. 4 pièces. B.

1330. **Clément IX.** Arme. R̸. SPLENDET A MAIESTATE EIVS. Chaise. Écu. B.

1331. — Types divers. Double giulio, giulio et gros. 3 pièces. B.

1332. **Siége vacant.** Arme. R̸. DA RECTA SAPERE. Saint-Esprit. Écu.

1333. — Types variés. Teston et giulio. 2 pièces. B.

1334. **Clément X.** Tête ou arme. R̸. Types divers. 4 pièces. Écus. TB.

1335. — Types différents. 2 testons, 1 giulio, 6 gros et 1/2 gros. 9 pièces. B.

1336. **Siége vacant.** Arme. R̸. DABITVR VOBIS PARACLETVS. Le Saint-Esprit. Écu. TB.

1337. **Innocent XI.** Tête. R̸. Types variés. 3 pièces. Écus. B.

1338. — Arme. R. Types divers. 2 pièces. Écu. B.

1339. — Types divers. Demi-écu, 4 testons. 5 pièces. B.

1340. — Id. 2 testons, 2 giulio, 5 gros et 1/2 gros, 9 pièces. B.

1341. **Siége vacant.** Arme. R̸. EMITTE SPIRITUM TVVM. Le Saint-Esprit. Écu. B.

1342. — Arme. R̸. Teston, 2 giulio. 3 pièces. B.

1343. **Alexandre VIII.** Arme. R̸. S. PETRVS S. PAVLVS. Têtes accolées des deux saints. Séquin. AV. TB.

1344. — Tête. R̸. LEGIONE AD BELLVM SACRVM INSTRVCTA. Figure de l'Église debout. Écu. AR. TB.

1345. — Types divers. 4 Testons. 2 giulio. 6 pièces. B.

1346. **Innocent XII.** Tête. ℞. Types différents. 4 pièces. Écus. TB.

1347. — Tête. Types différents. 4 pièces. Écus. TB.

1348. Types variés. Types différents. 6 pièces. Demi-écus. TB.

1349. — Types variés. 6 testons, 5 giulio. 4 gros et 1/2 gros. 15 pièces. B.

1350. **Siége vacant**, 1700. Arme. ℞. NON VOS RELINQUAM ORPHANOS. Le Saint-Esprit. Écu. B.

1351. — Arme. ℞. Le Saint-Esprit. Teston.

1352. **Clément XI.** Tête. ℞. CLAUSIT ANNO IVBILEI MDCC. La porte sainte. Double écu d'or. AV. TB.

1353. — Id. ℞. S. PETRVS APOST. Buste de saint Pierre. Écu d'or. AV. TB.

1354. — Tête. ℞. Types divers. 4 pièces. Écus. AV. TB.

1355. — Arme. ℞. Id. 5 pièces. TB. AR.

1356. — Types variés. ℞. Id. 1/2 écu, 7 testons. 8 pièces. TB. AR.

1357. — Types divers. ℞. Id. 9 giulio, 3 gros et 1/2 gros. 12 pièces. B.

1358. **Innocent XIII.** Arme. Demi-écu, 4 giulio, 2 gros. 7 pièces.

1359. **Benoit XIII.** Arme. Teston, 2 giulio, 3 gros. 6 pièces. B.

1360. **Siége vacant.** Arme. Teston et giulio. 2 pièces. B.

1361. **Clément XII.** La Religion assise. ℞. PIGNVS DEDIT. Arme. Sequin. AV. B.

1362. — Tête. ℞. DE LVTO FAECIS. Écu d'or. AV. B.

1363. — Arme. ℞. LYMEN RECTIS. Écu d'or. AV. B.

1364. — Tête. Écu, 3 1/2 écus. 4 pièces. AR. B.

1365. — Types variés. 2 testons, 6 double giulio, 2 giulio, 4 gros. 14 pièces. AR. B.

1366. **Siége vacant.** Arme. ℞. S. PETRVS. Buste de saint Pierre. Écu d'or. AV. B.

1367. — Arme. ℞. Le Saint-Esprit. Gros. AR.

1368. **Benoit XIV.** Tête. ℞. PATRI PATRIAE. Saint George debout. Double écu. AV. TB.

1369. — Types variés. ℞. S. PETRVS. Tête de saint Pierre. 2 pièces. Écu d'or.

1370. — Tête. ℞. MDCCLIII. La Religion assise. Écu. AR. TB.

1371. — Types divers. Demi-écu, teston, giulio, 2 gros, 1 2 gros. 6 pièces. TB.

1372. Siége vacant, 1758. Arme. Écu, 2 giulio, 1 gros. 4 pièces. B.

1373. Clément XIII. Arme ou Tête. Écu, 1/2 écu, 2 testons, 2 giulio, 2 1/2 giulio, 3 gros. 11 pièces.

1374. Siége vacant, 1769. Arme. ℞. VENI SANCTE SPIRITVS. Le Saint-Esprit. Giulio.

1375. Clément XIV. Arme. 2 1/2 écus, giulio et gros. 4 pièces.

1376. Siége vacant, 1774. Arme. ℞. VENI LUMEN CORDIVM. La Religion assise. Sequin. AV.

1377. — Arme. ℞. VENI LUMEN CORDIVM. Le Saint-Esprit. Demi-écu. AR.

1378. Pie VI. Arme. Demi-écu, teston, giulio, 4 gros. 7 pièces. B.

1379. République. REP : ROMANA. Aigle, couronne, drapeau et faisceau posés sur un autel, sur le devant duquel on voit le bonnet de la Liberté et deux poignards. LIBERTA ROMANA. PIOVOSO GIORNO CHE VALE DI TANTI ANNI IL PIANTO. Écu. B.

1380. Pie VII. Arme. ℞. DE SANCTO AVXILIVM. La Religion assise. Écu. AR. TB.

1381. — Arme. ℞. PAVPERI PORRIGE MANUM. Gros.

1382. — **Siège vacant**, 1823. Arme. ℞. PRINCEPS APOSTOLORVM. Saint Pierre assis. Doppia. AV. TB.

1383. — Arme. ℞. Demi-écu. 2 giuli. 2 pièces. AR. TB.

1384. Léon XII. Tête. ℞, DE SANCTO AVSILIVM. La Religion assise. Écu. TB.

1385. Siège vacant, 1829. Arme. ℞. Même revers. Écu. TB.

1386. Pie VIII. Tête. ℞. ISTI SVNT PATRES TVI VERIQVE PASTORES. Saint Pierre et Saint Paul debout. Écu. TB.

1387. — Tête. ℞. S. EXVPERANTIVS EP. S. SPERANDIA VIRG. Les saints debout. Teston. TB.

1388. Siège vacant. Arme. ℞. PRINCEPS APOSTOLORVM. Saint Pierre. Sequin. AV. TB.

1389. — Arme. Écu et teston. 2 pièces. AR. TB.

1390. Grégoire XVI. Tête. Écu, demi-écu, teston, deux giuli, giulio. 5 pièces. AR. TB.

1391. Siège vacant, 1836. Arme. ℞. NON RELINQVAM VOS ORPHA-NOS. Le Saint-Esprit. Écu. AR. TB.

RONCILIONE

1392. **République**. Buste de la Vierge. ℞. L'INCENDIO DI RONCI-
LIONE. ANNO 1799. La ville incendiée. Baiocco. AE. B.

SAVOIE

1393. **Ludovicus**. LVDOVICVS. DVX. SABAVDIE. Chevalier armé
en course à droite. ℞. MARCHIO IN ITALIA PRINC. FERT. Arme.
et casque. Sequin. AV. TB.

1394. **Charles II**. Arme. ℞. SANCTVS MAVRICIVS B. Gros. AB. TB.

1395. **Em. Philibert**. Tête. ℞. INSTAR OMNIVM. En deux lignes.
Teston. TB.

1396. **Charles Emmanuel**. Tête. ℞. IN TE DOMINE CONFIDO.
Arme. Doppia. AV. TB.

1397. — Cavalier armé. ℞. CHABLASI. ET. AVG. SAC. ROM. PRINCEPS.
Croix et quatre armes. Écu. AR. TB.

1398. — Tête. OPPORTVNE. Centaure. Écu. TB.

1399. — Tête. ℞. OMNIA DAT QVI IVSTA NEGAT. Bras armé d'une
épée. Écu. TB.

1400. **Charles Emmanuel** et **Marie Christine**. Têtes accolées du jeune prince et de la régente. PRINCI. PEDEM.
REGES. CIP. 1678. Doppia. AV. TB.

1401. **République cisalpine**. Figure de la République. ℞.
SCVDO DI LIRE SEI 27 PRATILE.

1402. **Française et cisalpine**. ℞. ANNO VIII. En quatre lignes.
Écu. AR. TB.

1403. — Buste de la République. ℞. PACE. CELEBRATA. FORO
BONAPARTE FONDATO. ANNO IX. Demi-écu. TB.

SICILE

1404. **Pierre avec Constance**. ℞. COSTA. DEI. GRA. ARAG. SICIL.
REGIA. Aigle. Cartino. AR.

1405. **Jacques**. Arme. ℞. AC. BARCHINONE COMES. Arme.

1406. **Louis**. Aigle. ℞. DEI. GRA. REX. SICILIE. Arme.

1407. **Frédéric**. Aigle. ℞. DVC. APVL. PRINCIPAT. CAPV. Arme.

1408. **Ferdinand**. Aigle. ℞. Arme. AR.

SULMONA

1409. **Charles VIII**. Trois fleurs de lys. R̵. XRI. VIN. XRI. REG. XRI. I. Croix. 2 pièces. Cavallo. Æ. B.

URBIN

1410. **Clément XI**. Arme. R̵. S. CRESCENTINVS. MARTYR. VRBIN PATRONUS. Le saint à cheval. Demi-écu. AR. TB.

VENISE

1411. **Louis le pieux**. Croix. R̵. VENECIAS. En deux lignes. Denier. AR. TB.

RENOU et MAULDE, Imprimeurs de la Compagnie des Commissaires-Priseurs, rue de Rivoli. 144.   23164